Pavlos Tzermias

Kreta von Knossos bis Kazantzakis

Pavlos Tzermias, (1925-2016) war Korrespondierendes Mitglied der Athener Akademie, der höchsten wissenschaftlichen und kulturellen Institution Griechenlands. Als Byzantinist und Neogräzist an der Universität Freiburg i. Ü. (1965-1995), Neogräzist an der Universität Zürich (1984-1992), Griechenlandberichterstatter der Neuen Zürcher Zeitung (1967-1995), Direktor des unter der Ägide des Europarates stehenden Europäischen Kulturzentrums Delphi (1977-1979) und Verfasser zahlreicher Bücher und Abhandlungen über Griechenlands Geschichte und Kultur hat er „wie kaum ein anderer das Bild von Griechenland im deutschen Sprachraum mitgestaltet" (Gunnar Hering). Pavlos Tzermias wurden für sein Werk viele Auszeichnungen zuteil: Festschrift zu seinem 65. Geburtstag (Hrsg. Gunnar Hering, Universität Wien), Preis der Athener Akademie, internationales wissenschaftliches Symposium an der Universität Freiburg i. Ü. zu seinen Ehren (1996), Auszeichnung durch den Präsidenten der Griechischen Republik (1996), Ehrung durch den Dachverband Griechischer Gemeinden und Vereine in der Schweiz (2002) u. a. m. 2012 wurde er wegen seiner „großen und international anerkannten geistigen Leistung" zum Ehrenbürger der Gemeinde Lasithi-Hochebene auf Kreta ernannt. Pavlos Tzermias starb am 13. Mai 2016 in Zürich.

Pavlos Tzermias

Kreta von Knossos bis Kazantzakis

Wanderung durch eine faszinierende Kultur

Bibliografische Information Der Deutschen Bibliothek
Die Deutsche Bibliothek verzeichnet diese Publikation in der Deutschen Nationalbibliografie; detaillierte bibliografische Daten sind im Internet über http://dnb.ddb.de abrufbar.

Für die Auflagen in deutscher Sprache:
Verlag Dr. Thomas Balistier
Egartstraße 19
72127 Mähringen
www.kreta-buch.de

Für die Nebenrechte sowie für alle anderen Sprachen:
Pavlos Tzermias
Forsterstraße 61
CH-8044 Zürich

1. Auflage Mähringen 2003
3. Auflage Mähringen 2025
Redaktionelle Beratung: Elsbeth Tzermias
Satz & Layout: PEAK Agentur für Kommunikation GmbH, Tübingen
Herstellung: bookpress.eu, Olsztyn (Polen)

ISBN 978-3-9806168-6-7

Dem Andenken meiner Mutter,
die mich in meiner Kindheit
mit Versen aus dem „Erotokritos“
in den Schlaf wiegte

Inhalt

Vorwort

Ziel dieses Werkes ist keineswegs eine erschöpfende Darstellung der Kulturgeschichte Kretas. Entsprechend dem von Anfang an festgesetzten Umfang des Buches ging es mir lediglich darum, ein paar Beispiele für den kulturellen Beitrag der Insel zu geben. Vor allem vier Schwerpunkte wählte ich dabei aus: die minoische Kultur, El Greco, Vitsentzos Kornaros und Nikos Kazantzakis. Es kamen einige wenige ergänzende Hinweise dazu, zum Beispiel die Erörterungen über Frangiskos Portos und Kyrillos Lukaris.

Die Kapitel des Buches weisen eine gewisse Selbständigkeit auf. Bis zu einem gewissen Grade könnten sie also auch als separate Essays gelesen werden. Doch dies darf nicht über den inneren Zusammenhang der Analysen hinwegtäuschen. Dieser Zusammenhang manifestiert sich zum Beispiel darin, dass Kazantzakis El Greco „Rechenschaft" ablegte. Die Kulturentwicklung lässt sich nicht von der allgemeinen Geschichte trennen. Deswegen findet der Leser in diesem Buch auch bestimmte Bemerkungen dazu.

Da ich kretischer Abstammung bin, muss ich mich mit dem berühmt-berüchtigten Ausspruch über die angebliche Verlogenheit der Kreter („Jeder Kreter ist ein Lügner") auseinandersetzen, der - zu Recht oder zu Unrecht - Epimenides zugeschrieben wird. Epimenides ist eine fast legendäre Gestalt. Er soll ein kretischer Sühnepriester gewesen sein, dessen Lebenszeit meistens ins 7. vorchristliche Jahrhundert datiert wird. Auf den Epimenides zugeschriebenen Ausspruch spielte Apostel Paulus an, als er den ersten kretischen Bischof Titus (Titos) vor den Kretern warnte: „Die Kreter sind immer Lügner."

Was mich anbelangt, könnte ich als „mildernden Umstand" anführen, dass ich in Thessaloniki geboren wurde und nicht auf Kreta aufwuchs. Oder sogar, dass ich seit Jahrzehnten auch naturalisierter Schweizer bin. So leicht möchte ich es mir aber nicht machen. Bekanntlich ist der

Epimenides-Satz das klassische Beispiel für eine logische Paradoxie, für den sogenannten Zirkelschluss (circulus vitiosus). In der Logik wird dieser Ausdruck verwendet, um auf folgenden Fehlschluss hinzuweisen: Aus A wird B bewiesen, und B wird wieder aus A bewiesen. Epimenides war ein Kreter. Folglich log er, als er sagte, dass alle Kreter lögen. Also das Gegenteil ist wahr. Wenn aber die Kreter keine Lügner sind, so sagt Epimenides doch die Wahrheit. Folglich sind alle Kreter Lügner.

Spass beiseite. Der berühmt-berüchtigte Ausspruch ist ein typisches Beispiel für die Verbreitung von äusserst bedenklichen diskriminierenden Vorurteilen. Ich bin in meinem Leben genug herumgekommen, um feststellen zu können, dass beileibe nicht nur in Kreta gelogen wird. Lügen ist eine menschliche Schwäche, die in allen Breitengraden anzutreffen ist. In hochindustrialisierten und hochkommerzialisierten Gegenden nimmt die Strapazierung der Wahrheit bisweilen sogar viel „raffiniertere“ Formen an. Im vorliegenden Buch habe ich mich bemüht, Kretas Kulturleistung sine ira et studio zu würdigen. Gewiss, ich bin wegen meiner kretischen Abstammung „Partei“. Meine Herkunft verleiht meinen Darlegungen indessen eine unmittelbare Nähe, die mit objektiver Distanz durchaus vereinbar ist.

Diejenigen Leser, die ihre Kenntnisse über die Thematik erweitern und vertiefen möchten, verweise ich auf die Angaben im Literaturverzeichnis. Um die Lesbarkeit der Ausführungen zu erleichtern, habe ich auf Fussnoten oder Anmerkungen verzichtet. Bei der Wiedergabe griechischer Wörter habe ich aus den Gründen, die ich in meiner „Neugriechischen Grammatik“ erwähne, „Kompromisslösungen“ getroffen, die unter diesem oder jenem Gesichtspunkt vielleicht nicht immer ganz befriedigen, aber doch gewissermassen praktikabel sind. Ein Beispiel dafür: Im Deutschen scheint sich aus Aussprachegründen die Schreibweise Knossos und nicht Knosos durchzusetzen, obschon die zweite Version dem Griechischen näher steht (die bekannte minoische Stadt schreibt sich im Griechischen mit einem s). Nicht selten sind im Buch bei der Erwähnung griechischer Wörter Transkriptionsvarianten (z. B. Knos[s]os) mitgegeben worden. Im übrigen sollte man aus der Transkription keine „Ideologie“ machen, zumal es ein Ding der Unmöglichkeit ist, sämtliche (historische, phonetische, orthographische, konventionelle u. a.) Gesichtspunkte gleichzeitig zu berücksichtigen.

Meiner Frau Elsbeth gebührt mein herzlichster Dank sowohl für ihre tatkräftige Unterstützung als auch dafür, dass sie mein „Kretertum“ mit Geduld „ertragen“, ja mit Begeisterung mitgetragen hat. An dieser Stelle möchte ich natürlich gerne auch dem Leiter des Verlags, Herrn Dr. Thomas Balistier, bestens danken, der sich für die Verwirklichung des Projektes verdienstvollerweise eingesetzt hat.

Zürich/Athen, im Dezember 2002 Pavlos Tzermias

Geburtsstätte Europas

Die reinsten Quellen der Kunst sind geöffnet: glücklich ist, wer sie findet und schmeckt. Diese Quellen suchen, heisst, nach Athen reisen." So sprach Johann Joachim Winckelmann (1717-1768), der Begründer der neueren archäologischen Wissenschaft und der modernen vergleichenden Kunstgeschichte. Er war begeistert von der Kunst des perikleischen Zeitalters. Doch schon mehr als 1000 Jahre vor dem Bau des Parthenon blühte auf Kreta eine sich uns in den grossen Palästen von Knos[s]os, Phaistos, Malia und Zakros offenbarende eigenartige Kultur. Ihre Architektur erscheint im Vergleich mit der von Winckelmann gerühmten „edlen Einfalt und stillen Grösse" attischer Klassik eher chaotisch und kompliziert. Die Bezeichnung „labyrinthisch" ist hier durchaus angemessen, zumal die Labrys, die Doppelaxt, das sakrale Symbol der ägäischen Kultur war. Die Restaurationsarbeiten des englischen Archäologen Sir Arthur Evans (1851-1941) in Knossos werden nicht selten als gewagt bezeichnet. Ob die Kritik zutrifft oder nicht, eines steht jedenfalls fest: Der grosse Wissenschaftler, der um der Ausgrabungen auf Kreta willen beträchtliche persönliche und materielle Opfer brachte, erschloss uns eine „neue" Welt, die nicht zuletzt auch zu einer Überprüfung des überlieferten Antikebildes führen musste.

„Kreta", schreibt der kretische Dichter Nikos Kazantzakis (1883-1957) in seiner „Rechenschaft vor El Greco", „war die erste Brücke zwischen Europa, Asien und Afrika; Kreta wurde zuerst in dem damals noch dunklen Europa erleuchtet." Die Fachleute – insbesondere griechische Gelehrte, die mit sichtlichem Nationalstolz auf die „Geburt Europas auf Kreta" zurückblicken – scheinen Kazantzakis recht zu geben. Die Vorstellung von Kreta als Geburtsstätte Europas hängt unter anderem mit der griechischen Mythologie zusammen. Nach dem betreffenden hellenischen Mythos hat sich Zeus aus Liebe zu einer schönen Frau namens Europa (griechisch:

Europe) in einen Stier verwandelt und sie nach Kreta entführt. Der Name Europe bedeutet im Griechischen die „mit weiten Augen“ oder „mit breitem Gesicht“. „Der Stier war gewiss kein gewöhnliches Tier. Auf einem alten Vasenbild hat er drei verschiedene Farben. Dichter sagten von ihm, sein Atem duftete nach Krokus. Es muss ein besonderer Zauber von ihm ausgegangen sein, denn Europa setzte sich willig auf seinen Rücken und liess sich über das Meer tragen“ (Karl Kerényi). Aus der Verbindung von Zeus und Europa (als Ort der Hochzeit wird auch die Diktäische Höhle auf der Las[s]ithi-Hochebene erwähnt) gingen drei Söhne hervor, unter ihnen Minos, der Herrscher und Gesetzgeber von Kreta.

Dass die Insel, „wohin der Stier Europa trug“ (Hans Georg Wunderlich), die Geburtsstätte Europas ist, darf freilich nicht als eine der historischen Wahrheit widersprechende Fiktion betrachet werden. Hinter dem Mythos verbirgt sich – kulturgeschichtlich gesehen – ein gutes Stück historische Realität. Eine Realität, die auch für die Gegenwart von Bedeutung ist. „Die Geschichte Europas“, schreibt der Tübinger Zeithistoriker Gerhard Schulz, „beginnt in Kreta. Hier hat sich die erste Hochkultur auf europäischem Boden gebildet.“ Laut Schulz waren die Minoer, die Bewohner des damaligen Kreta, ein rätselvolles Kulturvolk.

Nikos Kazantzakis beleuchet wohl einen wichtigen Aspekt jener eigenartigen, in vielem noch geheimnisvollen Kultur, die nach dem Namen des Inselherrschers minoisch heisst, wenn er in seinem erwähnten Werk sein Knossos-Erlebnis mit den Worten zum Ausdruck bringt: „Dieser Palast bietet nicht das Gleichmass, die geometrische Architektur Griechenlands, hier herrschen Phantasie, Grazie und das freie Walten der schöpferischen Kraft des Menschen. Dieser Palast wuchs wie ein lebendiger Organismus, wie ein Baum; er entstand nicht auf einmal, nach einem vorher ausgedachten, festen Plan; er wurde wie spielerisch ergänzt und passte sich den jeweiligen neuen Notwendigkeiten an. Hier war nicht die unbeugsame und strenge Logik die Führende; der Geist war nützlich, doch nur Diener, nicht Herr; Herr war ein anderer, wie sollen wir ihn nennen?"

Gewiss, die Frage Kazantzakis' nach dem „Herrn" muss im Zusammenhang mit seiner eigenen, kaum auf einen gemeinsamen Nenner zu bringenden Schau der Dinge gesehen werden, die er „kretischen Blick" zu nennen pflegte. Zu dieser Schau gehörte sowohl ein „unorthodoxes" Religiositätsgefühl als auch eine verzweifelte Konfrontation mit dem Nichts. Kazantzakis spielt jedoch zugleich auf den theokratischen Charakter der minoischen Epoche an. „Der Gott der Kreter", können wir im selben Abschnitt seines von Isidora Rosenthal-Kamarinea ins Deutsche übersetzten Buches lesen, „war der Herr, er führte ihre Hand und ihren Geist, eine Art Vorarbeiter. Und dieser kretische Geist war beweglich und spielerisch wie das die Insel umgebende Meer. So bilden Landschaft, Palast, Wandgemälde und Meer eine vollkommene Harmonie und Einheit." Allerdings: die kretische Gottheit hatte nach Kazantzakis nichts unmenschlich Gewaltiges. „...Hier erfüllte die Seele Griechenlands ihre schicksalbestimmende Aufgabe: Sie brachte Gott auf die Stufe des Menschen."

In der Zeit des klassizistischen Humanismus war der Terminus „goldenes Zeitalter" der perikleischen Epoche Athens vorbehalten. Der Archäologe Nikolaos Platon (1909-1992) aber bezeichnet die drei Hauptperioden des minoischen Neopalatikums (1700-1600 v. Chr., 1600-1500 v. Chr., und 1500 bis 1450 v. Chr.) als Phasen der „goldenen Epoche" des damaligen Kreta, deren hohe zivilisatorische und kulturelle Entwicklungsstufe das Resultat der in den zwei vorausgegangenen Epochen (Präpalatikum: 2600-1900 v. Chr., Protopalatikum: 1900-1700 v. Chr.) erzielten Fortschritte gewesen sei. Gemäss der Chronologie des griechischen Wissenschaftlers umfasst das Postpalatikum die Zeit von 1450-1150 v. Chr.

Die Kunst der minoischen „goldenen Epoche" offenbart eine enge Verbundenheit des Menschen mit der Natur. Jene Kunst war mit dem theokratischen System ihrer Zeit verknüpft. In wenigen Kulturen, schreibt Nikolaos Platon im betreffenden Band des in Athen in griechischer Sprache erschienenen Kollektivwerkes „Geschichte der hellenischen Nation“, sei das Leben mit der Religion so eng liiert, in keiner von ihnen aber der religiöse Zwang so leicht gewesen wie in der minoischen. Die archäologischen Funde auf Kreta vermitteln in der Tat den Eindruck eines wahren Gartens der Freude und der Jugendfrische. Reiche Königspaläste, fürstliche Bauten, majestätische Treppen, Hallen und Terrassen, mit farbenprächtigen Fresken ausgemalte Korridore, Magazine mit grossen Vorratskrügen (Pithoi), Entlüftungs- und Entwässerungsanlagen, Waschräume und vieles andere bieten auf den ersten Blick eine Synthese von Sinnlich-Pittoreskem und „Modernem“. Die Versuchung ist gross, den von den Minoern erreichten Zivilisationsgrad zu überschätzen oder unsere Welt in jener so weit zurückliegenden Zeit vorbestätigt zu finden.

Nicht wenige erliegen der Versuchung. Sie sprechen von „Verbürgerlichung“ des damaligen Lebens, von „Emanzipation“ der „koketten“, die Brüste zeigenden Frauen, von „jugendstilartiger“ Kunst der Minoer. Derartige Urteile beanspruchen in der Regel zwar nicht wissenschaftliche Exaktheit. Sie spiegeln weitgehend eine „neuzeitliche Mythenschöpfung“ (Wolf-Dietrich Niemeier) wider. Die betreffenden Urteile haben eher den Sinn einer subjektiv-impressionistischen Deutung. Trotzdem sind sie geeignet, falsche Vorstellungen zu wecken. Man spricht vom Charme der berühmten „Pariserin“ und vergisst, dass sie, wie der Kultknoten im Nacken zeigt, Priesterin, möglicherweise sogar Göttin ist. Eine unstatthaft modernisierende Betrachtungsweise liegt auch vor, wenn die ausser Frage stehende minoische Seeherrschaft (Thalassokratie) mit derjenigen Englands verglichen wird. Nikolaos Platon führt aus, dass die Hauptelemente der minoischen Blüte in allen Lebensbereichen festzustellen seien, also sowohl im politischen, sozialen, wirtschaftlichen, religiösen, öffentlichen und privaten Sektor als auch in der Kunst. Das ist hinsichtlich des politischen und sozioökonomischen Systems angesichts der vom selben Autor zutreffend hervorgehobenen theokratischen Struktur des damaligen Kreta zumindest eine Übertreibung.

Ohne Zweifel war das minoische Kreta in seiner Blütezeit ein für die Begriffe jener Epoche florierendes Seehandelszentrum. Wer aber waren die Nutzniesser seines Reichtums? Der Inhaber der königlichen Gewalt hiess Minos. Möglicherweise war sein Name (auch?) ein Herrschertitel wie Pharao. Minos war ein absoluter Monarch. Seine Theokratie war mit einer sozialen Hierarchie eng verknüpft, deren nähere Struktur wir wegen der Dürftigkeit der Zeugnisse nicht kennen. Gab es Sklaven, wie vereinzelte Forscher annehmen? Selbst jene Autoren, die das Moment des „inneren Friedens" in der minoischen Gesellschaft mit Nachdruck betonen, gehen davon aus, dass verschiedene soziale Schichten bestanden und dass sich in den Palastzentren Kretas grosser Reichtum ansammelte. Die Forschungsergebnisse über die ländlichen Gegenden entwerfen ein ärmliches, ja primitives Bild. Gournia, das „minoische Pompeji", die ostkretische Ortschaft, die in modernisierender Betrachtung als „Vorläufer europäischen bürgerlichen Lebens" bezeichnet wird, vermittelt uns mit seinen „Liliputanerbehausungen" ein Bild, das zum Palast von Knossos stark konstrastiert. Es war eben ein Pompeji der einfachen Leute.

Das minoische Kreta bleibt auch nach der unter Mitwirkung des Gräzisten John Chadwick abgeschlossenen Entzifferung der geheimnisvollen Linearschrift B durch den Architekten Michael Ventris (1922-1956) in mancher Beziehung ein Rätsel. Dermassen ein Rätsel, dass der „Aussenseiter" Hans Georg Wunderlich 1972 mit nicht überzeugenden, aber manche Ungereimtheit der traditionellen Kreta-Auffassung aufhellenden Argumenten zum Schluss hat kommen können, das Labyrinth sei ein Totenhaus, ein „Totenpalast" gewesen! Die Entzifferung der Linearschrift B bildet immer noch den Gegenstand leidenschaftlicher Diskussionen. „Das politische und soziale Gesicht dieser Welt der Fürsten und Paläste erkennen wir nur in Umrissen. Die Entzifferung ihrer Schrift (Linear B) hat keine überzeugenden Antworten auf die Fragen nach der Gesellschaftsstruktur oder gar den Lebensbedingungen der kleinen Leute geben können" (Werner Dahlheim). Nichtsdestoweniger war die Entzifferung der Linearschrift B ein „Ereignis von grosser Bedeutung" (Jannis und Efi Sakellarakis).

Das Sensationelle dabei lag darin, dass sich die Sprache, in der die betreffenden Schrifttafeln abgefasst waren, als Griechisch erwies. War also Griechisch die Sprache des minoischen Kreta? Das wollte und will noch immer manchem im Geiste des klassizistischen Humanismus grossgewordenen Altertumsforscher angesichts der „so völlig andersartigen, dem Griechischen fremden minoischen Kultur" nicht oder nicht so ganz in den Kopf. Das im Zuge der humanistischen Idealisierung der Antike zum Idol gewordene Bild des absolut vorbildlichen Griechen, etwa des „blondgelockten Hellenen", verbot und verbietet es nach der klassizistisch orientierten Schau der Dinge, die braunhäutigen und dunkelhaarigen minoischen Kreter in die griechische Geschichte einzubeziehen. Diese müsste dann fast ein Jahrtausend früher begonnen haben, und das passt nicht ins Schema des klassizistischen Humanismus. Und dennoch. Mit der Zeit „wurde die Konzentration auf die bisherigen klassischen Zeiträume aufgegeben. Die Perspektiven der griechischen Geschichte öffneten sich über das Archaikum (800/700-500 v. Chr.) hinaus auf die kretisch-mykenische Zeit des 2. Jahrtausends..." (Manfred Clauss).

Die Entzifferung der Linearschrift B trug mit anderen Worten zu einem Prozess der Ernüchterung bei, den Wolfgang Schadewaldt (1900-1974) 1970 zutreffend beschrieb und dessen Ergebnis dieser Gelehrte wie folgt festhielt: „Wir wurden genötigt zu erkennen, dass der Grieche eine reine Abstraktion ist, dass er, geschichtlich gesehen, uns vielmehr mit vielen Augen, vielen Gesichtern entgegenblickt." Das Phänomen Kreta verwirrt sogar manchen griechischen Wissenschaftler, obschon man im modernen Hellas schon aus „nationalen Gründen" auf die Vordatierung des Beginns der griechischen Geschichte um beinahe tausend Jahre stolz ist. Dimitrios Theocharis zum Beispiel meint in der bereits erwähnten „Geschichte der hellenischen Nation", dass für die mittelhelladische Periode (1900-1600 v. Chr.) die Benutzung des Wortes „Hellenen" einen Anachronismus bilde. Vorzuziehen sei der Terminus „Griechischsprachige" oder „Protohellenen". Doch der griechische Geist stamme sicherlich nicht von den barbarischen „Indoeuropäern". Das „erste griechische Wunder", die „kretisch-mykenische Kultur", wäre nach Theocharis ohne den „wohltuenden Atem der mediterranen, vor allem der minoischen Kultur" undenkbar gewesen.

Die minoische Kultur soll nach der an Boden gewinnenden, doch den Nebel unserer Unkenntnis nicht restlos lichtenden Theorie Spyridon Marinatos' (1901-1974) dem katastrophalen Auseinanderbersten der Vulkaninsel Thera (Santorin) zum Opfer gefallen sein. Stützte sich die Kultur der Minoer aufs Meer, so ging sie, wenn man der Theorie dieses griechischen Archäologen Glauben schenken will, nicht zuletzt auch in den durch die „minoische Eruption" verursachten gigantischen Fluten des Meeres wieder unter. Das heutige Thera sowie die kleineren Inseln Therasia und Aspronisi (eigentlich ein Felsen) sind Reste eines bei jenem gewaltigen Ausbruch (1520/1500 v. Chr.?) gesprengten Vulkankegels. Das Meer drang in das kesselartige Kraterbecken (Kaldera = caldera) ein, aus dem heute die Vulkaninseln Kaimenes, die „verbrannten Inseln", hervorragen. Nicht von ungefähr bezeichnet man jene schreckliche Eruption als „minoisch". Thera war mit dem minoischen Kreta auf Gedeih und Verderb verbunden.

Santorin (Thera) gehört zu den Kykladen. Laut dem altgriechischen Historiker Thukydides beherrschte Minos mit seiner Flotte den grössten Teil des hellenischen Meeres. Seine Macht habe sich auf die Kykladen erstreckt, und von ihm seien auf den meisten dieser Inseln die ersten Kolonien gegründet worden. Die Ausgrabungen bei Akrotiri auf Thera, durch welche Freskomalereien höchster Qualität an den Tag gefördert worden sind, haben die kulturelle Präsenz der

Minoer auf der Insel bestätigt. Die Katastrophe besiegelte die Gemeinsamkeit des Schicksals der beiden Inseln. Das Meer, die einstige Verbindungsbrücke, wurde gleichsam zum gemeinsamen Grabe. Gemäss Nikolaos Platon sollen zwei Explosionen stattgefunden haben, von denen die zweite (um 1450 v. Chr.) vernichtende Folgen gehabt habe. Die „minoische Eruption" mag den Anlass zur Entstehung der Legende von der Insel Atlantis gebildet haben. Das „Atlantis-Rätsel" beflügelt immer wieder die Phantasie, wobei sich die Suche nach dem „versunkenen Kontinent" nicht selten mit der Sehnsucht nach dem „verlorenen Paradies" vermischt.

Minoische Hochkultur und nazistischer Rassenwahn

Die Entdeckung des minoischen Kreta bedeutete nicht zuletzt einen Schlag gegen die Reduzierung des Griechentums auf die „blonden Indogermanen". Die Emporstilisierung der in Griechenland eingedrungenen indogermanischen Stämme als Repräsentanten des einzig echten Hellenentums war lange Zeit gang und gäbe. Dieser Emporstilisierung stellte John Chadwick die Hypothese entgegen, dass die griechische Sprache nicht vor dem zwanzigsten vorchristlichen Jahrhundert bestanden habe, sondern dass sie in Griechenland durch die Vermischung einer einheimischen Bevölkerung mit anderssprachigen Eindringlingen entstanden sei. Fritz Schachermeyr beschreibt im Grunde denselben Sachverhalt, wenn er bemerkt: „Die Zeit bis etwa 2000 v. Chr. umfasste die Welt eines überwiegend mediterranen Daseins...Damit haben wir Tatbestände von grösster weltgeschichtlicher Bedeutsamkeit erfasst, denn es handelt sich um etwa zwei Jahrtausende einer ältesten griechischen Vergangenheit. Der griechischen? Man wird uns einwerfen, die Griechen seien doch erst viel später in Hellas eingewandert. In Wahrheit setzt sich das Griechenvolk aber aus zwei gleichwertigen Komponenten zusammen, kaum anders, als wir Menschen von Vater und Mutter erzeugt wurden. Die der indo-europäischen Zuwanderer muss als Trägerin vielfältiger, nie rastender Energien gewertet werden. Der mediterranen Tradition aber verdanken die späteren Hellenen Faktoren von nicht geringerer Bedeutung. Von ihr gewannen sie nicht nur eine Fülle von Religionsvorstellungen...; von ihr stammten gewiss auch die so hervorragenden Begabungen auf dem Gebiete der Plastik, des Malerischen und der Genrekunst. Das Entscheidende bot die mittelmeerische Komponente jedoch mit ihrer städtischen Siedlungsart, die später zur Entstehung der Polis führte und so gleichsam die Pforte bildete zu den Herrlichkeiten der griechischen Hochkultur."

Wenn hier Schachermeyr zitiert wird, so geschieht dies im Bewusstsein, dass dieser Gelehrte während der Herrschaft des Nationalsozialismus in Deutschland eine mit dem Humanitätsideal unvereinbare Haltung eingenommen und sich eifrig für „den epochemachenden Durchstoss des Rassegedankens von den Naturwissenschaften in die Geisteswissenschaft" eingesetzt hatte. Wie Volker Losemann berichtet hat, verband Schachermeyr diesen Einsatz für die „nordische Geisteshaltung" damals mit abschätzigen Urteilen über die „westisch-mediterrane Rasse" bzw. über die „vorderasiatisch-armenoide Komponente" („blutrünstiger Naturalismus", „Grausamkeit", „parasitäre Anpassung", „zergeistigende Ideologien"). Offensichtlich bereitete den Rassisten jener Zeit, insbesondere denjenigen, die, wie Schachermeyr, eine „biologische" Rassenkunde propagierten, die „rassische Fassbarkeit der kretisch-mykenischen Kunst" etliches Kopfzerbrechen.

Nach dem Zusammenbruch des Nationalsozialismus „vergass“ Schachermeyr seinen rassistischen Biologismus. Und er vertrat, wie seine „Griechische Geschichte“ zeigt, weitgehend andere Ansichten. Ja, er bemerkte in diesem Werk sogar, dass seine Darlegungen über Heimat und Urzustand der indo-europäischen Völkerfamilie „hypothetischen Charakter“ trugen. In einem 1981 erschienenen Buch schrieb Schachermeyr: „Der Faschismus träumte... von einer Erneuerung des altrömischen Imperiums am Mittelmeer, der Nationalsozialismus berief sich dagegen auf die Brutal-Moral Friedrich Nietzsches, auf die nordische Sendungsromantik eines Gobineau und Chamberlain, nicht zum wenigsten aber auch auf die Lehren einer Rassenkunde, die sich nachträglich ohnehin als Irrtum herausstellte.“

Für den Schachermeyr der Zeit nach dem Zweiten Weltkrieg besteht kein Zweifel darüber, „dass weder die mediterrane Komponente noch die indo-europäische für sich allein das Griechentum zustande gebracht hätte“. „Es war die Landesnatur des ägäischen Umkreises, welche schliesslich das Unerhörte aus dem an sich schon Günstigen weckte.“ Die Hervorhebung des geographischen Faktors ist schon aus dem Grunde bemerkenswert, dass damit die „rassenkundliche“ Deutung der hellenischen Geschichte zumindest relativiert wird. Mag man gegenüber verabsolutierenden Thesen über den Einfluss der Geographie auf die Entwicklung eines Landes auch berechtigte Skepsis hegen, so kann man doch die enge Verbundenheit des geschichtlichen Schicksals Griechenlands mit dem Meer nicht leugnen. Das minoische Kreta, über dessen Thalassokratie Thukydides berichtet, ist ein gutes Beispiel für das, was Fernand Braudel (1902-1985) eine quasi immobile Geschichte („une histoire quasi immobile“) genannt hat.

Nicht wenige von den Gedankengängen Braudels über die Bedeutung der vielfältigen und kompliziert gegliederten, zerklüfteten, von Gebirgen eingefassten und mit Inseln durchsetzten räumlichen Struktur des Mittelmeers für die historische Entwicklung der betreffenden Region gelten auch für Griechenland und insbesondere auch für Kreta. Andererseits hat man sich stets vor Augen zu halten, dass die Geschichte Menschengeschichte ist. Trotz der Quasi-Immobilität der „geographischen Zeit" befindet sich das geschichtliche Geschehen im Fluss. Wie erwähnt, spricht der griechische Historiker Dimitrios Theocharis vom „wohltuenden Atem der mediterranen, vor allem der minoischen Kultur". In diesem Urteil schimmert sicherlich hellenischer Stolz durch. Doch auch nichtgriechische Wissenschaftler sprechen von überlegener Kultur der „Einheimischen". „Während den ersten Jahrhunderten des 2. Jahrtausends verschmolz die alteingesessene Bevölkerung allmählich mit den indogermanischen Einwanderern. Sprachlich haben sich zwar die Achäer durchgesetzt, kulturell aber fügten sie sich willig der überlegenen Zivilisation der Unterworfenen" (Felix Busigny). Laut Busigny war den neuen Herren das Meer von Haus aus fremd, sodass sie sogar die Bezeichnung dafür, thalassa, der Sprache der Ägäer entlehnen mussten.

Freilich besteht bezüglich der „Verschmelzung" von „Alteingesessenen" und „Indogermanen" manche Unklarheit, zumal es etliche Fragen über das Verhältnis der Linearschrift B zur Linearschrift A gibt. Es kommt das Rätsel um den im archäologischen Museum in Heraklion zu besichtigenden Phaistos-Diskos (Diskus) hinzu, dessen Schrift von Zeit zu Zeit „entziffert" wird bzw. weiterhin geheimnisvoll bleibt. „Seit seiner Entdeckung am 3. Juli 1908 bietet die nunmehr über 90jährige moderne Geschichte des Diskos von Phaistos eine Fülle von Annahmen, Überlegungen und Spekulationen, eine Reihe von detaillierten Thesen und umfassenden Theorien sowie eine Vielzahl von Entzifferungen. In der Literatur zeigen sich wissenschaftliche Akribie und unbekümmerte Begeisterung, produktive Phantasie und redundante Anmassung, der kühne Entwurf ebenso wie nüchterne Selbstbegrenzung. Deutlich wird, dass dabei nicht immer nur wissenschaftliches Kalkül und forschungsstrategische Pragmatik die Feder führte, sondern oftmals auch Herzblut als Tinte diente. Ob dabei der Auflösung des Rätsels bereits ein gutes Stück nähergekommen, sie eventuell sogar schon erreicht wurde, oder ob der Diskos nicht vielmehr sein Geheimnis hartnäckig verteidigen konnte, soll hier nicht beurteilt werden. Sicher ist nur, dass die Diskussion weiter geht" (Thomas Balistier).

In einem Beitrag in der Neuen Zürcher Zeitung vom 21./22.6.1997 skizzierte der Indogermanist Rudolf Wachter das Objekt seines Faches folgendermassen: „Man hat vor gut 200 Jahren erkannt, dass fast alle Sprachen Europas und eine Reihe asiatischer Sprachen, u.a. das Sanskrit und das Persische, untereinander zahlreiche Gemeinsamkeiten zeigen, die weder universell (d.h. allen menschlichen Sprachen gemeinsam) sind noch auf Zufall beruhen können, sondern durch genetische Sprachverwandtschaft bedingt sein müssen, wobei man rasch feststellte, dass von der gemeinsamen Vorstufe – man nennt sie die ‚urindogermanische Grundsprache' – keine Zeugisse erhalten sind." Zur Vermeidung von Missverständnissen ist zu betonen, dass die Annahme einer „urindogermanischen Grundsprache" nicht unbedingt auch die Existenz einer „Rasse", und zwar einer solchen „nordischen Typs", bedeutet. Nach Michail V. Sakellariou sprechen wiederholte anthropometrische Untersuchungen gegen einen solchen Schluss.

Es fällt auf, dass im deutschen Gebrauch das Wort „Indogermanen" dominiert, während ausserhalb Deutschlands bzw. des deutschsprachigen Raums meistens von „Indoeuropäern" die Rede ist. Das hat zweifellos nicht immer einen politischen Hintergrund. Schachermeyrs Bemerkung, mit dem deutschen Sprachgebrauch verbänden sich keine progermanischen Prätentionen, geht jedoch an bitteren historischen Erfahrungen vorbei. Immerhin räumt Schachermeyr ein: „Da dieser Ausdruck in der übrigen Welt aber immer wieder im Sinne solcher Prätentionen ausgeübt wird, wollen wir uns der im Westen und Süden gebräuchlichen Bezeichnung ‚Indo-Europäer' anpassen. Das will uns dem Klang nach nicht recht gefallen, scheint mir aber doch auch – rein sachlich gesehen – das Treffendere zu sein." Derselbe Autor hebt hervor: „Was sich in den indo-europäischen Tochtervölkern an Gemeinsamkeiten der Gesittung findet, fusst nicht auf gemeinschaftlicher Rassenveranlagung... Der prägende Faktor war in diesen Fällen die Wirtschaftsform, die allerdings wieder von der Landesnatur abhing."

Für die Verbindung der Bezeichnung „Indogermanen" mit höchst bedenklichen politischen Prätentionen könnte man zahlreiche Beispiele bringen. Erwähnt sei hier der Fall des Rassenforschers Hans Friedrich Karl Günther (1891-1968), dessen Schriften als ideologische Grundlage für den nationalsozialistischen Rassismus dienten. Günther veröffentlichte 1922 sein Werk „Rassenkunde des deutschen Volkes", das viele Auflagen mit zum Teil wechselndem Inhalt erlebte. Es ist nicht der Mühe wert, all die zahlreichen Schwächen und Widersprüche der Rassentheorie Günthers aufzuzählen, die schon Hermann Heller (1891-1933) einer zutreffenden Kritik unterzog. Wichtig ist vor allem die Feststellung, dass Günther die „Schlussfolgerungen" seiner biologischen Anthropologie zu Kriterien über den Wert oder Unwert eines Volkes oder einer Rasse erhob. Er behauptete, dass die „nordische Rasse" die politisch weitaus begabteste sei. Der „nordische Mensch" sei urteilsfähig, wahrhaftig, tatkräftig, der zu allererst vom Gerechtigkeitssinn bestimmte Freie. Nur die Nordrasse bringe die grossen Staatsmänner hervor. In der Bewertungsskala Günthers erhielt die „Ostrasse" die schlechteste Note. Der „ostische Mensch" sei zwar arbeitsam, aber alles Edle sei ihm fremd. Liebe und Geld seien für ihn sich berührende Begriffe. Zu seinen Eigenschaften zählten gehässiger Neid und körperliche Unreinlichkeit. Politisch vertrete die „Ostrasse" das – von Günther natürlich verabscheute – Gleichheitsprinzip. Analoge Darlegungen enthielten auch andere Bücher Günthers.

In der Rassentheorie Günthers spielte das Blut eine wichtige Rolle, wobei der Anteil des deutschen Volkes am „nordischen Blut", wie Heller ironisch bemerkte, mit der Auflagenzahl seines Buches wechselte. Der Ungeist des Rassenwahns, der auf dem Mythos der „Reinheit des Blutes" und des angeblichen Zusammenhangs zwischen „Rassenseele“ und „Rassenkörper“ beruhte, hatte sowohl eine antisemitische als auch eine antidemokratische Dimension. Die „Höherwertigkeit“ der „nordischen“ oder „germanischen“ Rasse war zugleich als „Höherwertigkeit“ einer „Herrenschicht“ gemeint, der das „Recht“ zugestanden habe, über die Deutschen und die anderen Völker zu herrschen. „Die oberen Bevölkerungsschichten“, fabulierte Günther, „haben mehr nordisches Blut in ihren Adern als der Durchschnitt der gesamten deutschen Bevölkerung.“

1929 erschien in München eine von Günther verfasste „Rassengeschichte des hellenischen und des römischen Volkes“. 1956 – elf Jahre nach dem Zusammenbruch des Nationalsozialismus – gab Günther in Deutschland ein Werk heraus, das den Titel „Lebensgeschichte des Hellenischen Volkes“ trug. In dem im Sommer 1955 verfassten Vorwort dieses Buches schrieb Günther, seine Darstellung von 1929 habe „der Fülle und der Bedeutung des geschichtlichen Stoffes“ nicht genügen können. Die Verwendung des Wortes „Lebensgeschichte“ im Titel der Neuerscheinung anstelle des Terminus „Rassengeschichte“ begründete der Rassentheoretiker mit fadenscheinigen Argumenten. Die Änderung des Titels hatte zweifelsohne mit der nach der Niederlage des nationalsozialistischen Deutschland entstandenen politischen Situation zu tun. Doch Günther blieb, was die Substanz der Dinge anbelangt, seiner Lehre treu.

Der Verfasser der „Lebensgeschichte des Hellenischen Volkes“ sprach von Hellenen nicht im Sinne einer Übereinstimmung mit jenen Neugriechen, die letztere Bezeichnung nicht besonders gern haben und sich deshalb für die Internationalisierung des Namens Hellas/Ellas einsetzen. Günther verwendete das Wort Hellenen nicht etwa, um die Kontinuität griechischer Geschichte und zwar auf phyletischer Basis zu unterstreichen. Gerade das Gegenteil war der Fall. In der Optik Günthers waren die Neuhellenen, die er natürlich „Neugriechen“ nannte, „nur“ Sprachhellenen. Nach der Behandlung des „Aussterbens des Hellenentums“

(so der Titel des drittletzten Kapitels der „Lebensgeschichte des Hellenischen Volkes") befasste sich Günther in den zwei letzten Kapiteln seines Buches mit den Neugriechen und mit den „Ursachen des Untergangs der Hellenen". Er übernahm dabei fast vorbehaltlos die bekannte These des Historikers Jakob Philipp Fallmerayer (1790-1861) über die „Ausrottung des Geschlechts der Hellenen in Europa".

Entsprechend seiner „rassenkundlichen" Betrachtungsweise schrieb Günther: „Nach den Berichten über das Aussterben der Hellenen und die Menschenleere von Städten und Landschaften in hellenistischer und römischer Zeit wird niemand erwarten, in den *Neugriechen* mehr als die Spracherben der Hellenen zu sehen... Heute ist erkannt worden, dass Vergleiche zwischen Hellenentum und Neugriechentum nur bewirken können, die ansprechenden Züge des Neugriechentums dem Blick zu entziehen." Aber diese ansprechenden Züge hinderten den Nostalgiker des „tüchtigen Indogermanentums" nicht daran, doch „im Neugriechentum an einigen Orten den nordischen Einschlag des indogermanischen Hellenentums" zu suchen. Glücklicherweise (für ihn) fand er bestimmte Reste der „blonden Rasse", z. B. im „Stamme der Zakonen".

Günthers Buch hätte eigentlich den Titel „Verfall und Untergang des wunderbaren indogermanischen Hellenentums" tragen können, denn es liest sich wie ein Klagelied über das Verschwinden der tüchtigen Hellenen indogermanischer Herkunft. Und dieses Klagelied verbindet sich mit einer zutiefst antihumanen Botschaft. Der propagandistische Charakter der „Lebensgeschichte des Hellenischen Volkes" war ganz klar in den Ausführungen der zwei letzten Seiten des Buches. Dort war zu lesen, dass der Niedergang und Untergang der Hellenen hauptsächlich auf die „Entnordung" dieser Geschlechter zurückzuführen sei, „deren Vorfahren als Indogermanen überwiegend nordischer Rasse aus Mitteleuropa, besonders aus Mitteldeutschland eingewandert waren." In diesem Zusammenhang sprach Günther, Walther Rathenau (1867-1922) zitierend, von der „sich steigernden

Entgermanisierung Europas" und vom zunehmenden „Mangel an Richtkraft, Tiefe und Idealismus", um das Gespenst des durch Oswald Spengler (1880-1936) prophezeiten „Untergangs des Abendlandes" an die Wand zu malen.

Für die rassistische Verblendung Günthers ist bezeichnend, dass ihn das Phänomen des minoischen Kreta, das in sein Schema nicht hineinpasste, keineswegs veranlasste, seinen „Biologismus" zumindest mit einigen Fragezeichen zu versehen. Der Rassentheoretiker, der die „durch viele Zeugnisse belegte Blondheit der meisten Hellenen hervorragenden Wesens und hervorragender Leistung" emphatisch unterstrich und die betreffenden Errungenschaften „fast ausschliesslich" der „nordischen Rasse" zuschrieb, wich der Frage aus, wie die alles andere als „nordisch" aussehenden Minoer zu ihrer Hochkultur gelangen konnten. In seinem Buch kann man u.a. lesen: „Nach den erhaltenen *Darstellungen der minoischen Kunst* sind die Kreter der vorhellenischen Zeit als schlanke, zierliche Menschen mit bräunlicher Haut und lockigen dunklen Haaren zu erkennen." Es trifft zwar zu, dass Günther trotz der vorwiegend „biologischen" Orientierung seines Rassismus in einem gewissen Einklang mit Fritz Lenz (1887-1923) und Ferdinand Clauss (1892-1974) auch von der „Bedeutung der Seele für die Rasse" sprach. Die „anthropometrischen" Ausführungen über „hellenische Schädel" oder über die „griechische Nase" spielten aber bei seiner Verherrlichung des „Indogermanentums" eine entscheidende Rolle.

Wie Ulrich Kadelbach zutreffend geschildert hat, erlangte der Rassenwahn während des Angriffs Hitlers auf Griechenland und insbesondere während der Schlacht um Kreta (Mai 1941) eine für das unterdrückte Griechenvolk tragische Dimension. Kadelbach zitiert mit Empörung folgende Äusserung Günther Müllers aus dem 1944 erschienenen Buch „Sprung über Kreta – Ein Bild- und Kampfbericht": „Nein, dieses Volk hat mit Hellenentum nichts mehr zu tun. Alles, was vor zweieinhalb Jahrtausenden nordisch war, ist tot; Hellas ist nicht mehr. Die Völkerstürme sind über das Land hinweggebraust und haben das nordische Wesen ausgelaugt. Händlerische Gewinnsucht und orientalische Lebensgesetze beherrschen diese südländische Menschenrasse. Nie wieder werden erhabene Philosophie, Schönheit mit Geiste gepaart und heldisches Kämpfertum auf jener damals so kulturträchtigen Erde erstehen. Hellas und Neugriechenland – welche Gegensätze!"

Ferner führt Kadelbach eine mythologisierende Beschreibung der deutschen Kreta-Kämpfer aus dem während des Krieges erschienenen Griechenland-Buch Erhart Kästners (1904-1974) an. Der bekannte Bibliothekar, Schriftsteller und zeitweiliger Sekretär von Gerhart Hauptmann (1862-1946) diente während vier Jahren in der deutschen Okkupationsarmee in Griechenland. Und er schrieb über die Fallschirmspringer von Kreta: „Ihre Körper waren von der griechischen Sonne kupferbraun gebrannt, ihre Haare weissblond. Da waren sie, die ‚blonden Achaier' Homers, die Helden der Ilias. Wie jene stammten sie aus dem Norden, wie jene waren sie gross, hell, jung, ein Geschlecht, strahlend in der Pracht seiner Glieder. Alle waren sie da, der junge Antenor, der massige Ajax, der geschmeidige Diomedes, selbst der strahlende, blondlockige Achill. Wie anders denn sollten jene ausgesehen haben, als diese hier, die gelassen ihr Heldentum trugen und ruhig und kameradschaftlich, als wäre es weiter nichts gewesen, von den Kämpfen auf Kreta erzählten, die wohl viel heldenhafter, viel kühner und viel bitterer waren als die Kämpfe um Troja." Nach dem Krieg schrieb Kästner freilich sein Griechenland-Buch um. Es machte sich dabei ein deutliches Verblassen des Mythos von den an die „blonden Achaier" erinnernden Fallschirmspringern bemerkbar. Aber es hiess immer noch: „Ihre Körper waren in den wenigen Tagen kupfern gebrannt, ihre Haare weissblond... In junger Nacktheit tummelte sich...die landfremde Schar und unversehens wehte homerische Luft."

Die Griechenland-Reminiszenzen Kästners sind als historisches Zeugnis nichtsdestoweniger schon deshalb wichtig, weil sie, wenn sie kritisch gelesen werden, den inhumanen

„Humanismus" der Nazis enthüllen. Für die Pervertierung des Humanismus während der Herrschaft der Nationalsozialisten war u.a. das Erscheinen zahlreicher Griechenland-Publikationen in Deutschland bezeichnend. Dem Schein nach wurde darin die althellenische Kultur verherrlicht. In Wirklichkeit aber wurde Propaganda für die „blonde Rasse" gemacht. Zahlreiche Belege finden die Interessierten in meinem Hellenistik-Buch. Die Verherrlichung der „blonden Rasse" war mit tiefer Verachtung des von den Nazis unterdrückten Griechenvolkes verbunden. Nach dem Krieg schrieb Kästner, dass „Beschimpfungen des faulenzenden und betrügenden Südvolks" gang und gäbe waren. Kästner selber war indes von derartigen Vorurteilen nicht frei, wie z.B. seine von Kadelbach zitierte Bemerkung über das heutige Kreta zeigt: „Was aber vom übrigen irgendwo in der Welt verboten ist, das kümmert hier keinen. Keines Ansehen und Ehre ist hier geschmälert, wenn er stiehlt, raubt und tötet."

Kadelbach kommentiert: „Dass nach dem Krieg junge Kreter, die das Wüten der Deutschen auf ihrer Insel in vollem Ausmass erlebt hatten, sich ausgerechnet Deutschland zum Universitätsstudium aussuchten, ist vielleicht die einzig mögliche Art und Weise einer Versöhnung. Deutsche hatten selbst die Würde, die eine solche Geste voraussetzt, verspielt." Wer mit der Geschichte Kretas als einer Brücke zwischen Kontinenten und Völkern und darüber hinaus mit der Entwicklung der griechisch-deutschen Beziehungen im Laufe der Zeit vertraut ist, wundert sich nicht über die von Kadelbach erwähnte Bereitschaft zur Versöhnung. Es gab im Verhältnis der Neugriechen zum deutschen Volk manch glücklichen Augenblick geistiger Begegnung, so etwa den Kontakt des „Heidelberger Kreises" (Konstantinos Tsatsos, Panajotis Kanellopoulos, Ioannis Theodorakopoulos) mit deutscher Philosophie. Die nazistische Okkupation in Griechenland war zweifelsohne das dunkelste Kapitel in der Geschichte der deutsch-hellenischen Beziehungen. Die Verbrechen der Nazis und die Politik der Okkupationsmacht gegenüber dem heldenhaft Widerstand leistenden Griechenvolk hinterliessen leider schmerzliche Spuren. Doch selbst während der Nazi-Okkupation wussten viele Griechen zwischen dem Hitler-Regime und dem deutschen Volk zu unterscheiden.

Als sechzehnjähriger Gymnasialschüler trat ich einer Résistance-Organisation in Athen bei. Ich habe heute noch in den Ohren, wie Vasilis Rotas, ein angesehener Gelehrter und Theaterautor, dessen „Theatriko Spoudastiri" (Theaterschule) als eine Art Zentrum des geistigen Widerstands gegen die Nazis diente, uns Jüngere immer wieder belehrte: „Hitler darf uns nicht Kant und Goethe vergessen machen." Nach Beendigung des Krieges besuchte ich mit einer Gruppe deutscher Wissenschaftler meine engere Heimat Kreta. Im Dorf Anoja (Anog[e]ia), das während des Krieges als eines der Hauptzentren des Widerstands gegen die Okkupanten galt und von den Besatzern im August 1944 total zerstört wurde (alle Männer des Ortes und dessen Umkreises wurden exekutiert), begrüsste uns ein alter Kreter mit den weisen und zutiefst humanen Worten: „Während des Krieges waren die Griechen und die Deutschen Feinde. Jetzt sind wir Freunde." Aus dem Munde des alten Kreters sprach ein in die Zukunft weisender Humanismus, ein Plädoyer für echte Völkerverständigung.

Hatte Fallmerayer von El Greco nichts gehört?

Es ist jetzt allgemein bekannt, dass Kunst- und Schönheitssinn – das charakteristische Merkmal alten Hellenentums – den Neugriechen gänzlich fehlt; die Natur hat ihnen, wie den Türken und Mongolen, diese Gabe versagt." Diese abschätzige Äusserung stammt aus der Feder des Historikers Jakob Philipp Fallmerayer. In seiner „Geschichte der Halbinsel Morea während des Mittelalters" versuchte dieser eigenwillige Gelehrte im 19. Jahrhundert den Beweis zu erbringen, die Neugriechen seien, soweit es sich bei ihnen nicht um Albaner handle, eigentlich Slawen. In der Vorrede des 1830 erschienenen ersten Teils des erwähnten Buches schrieb Fallmerayer wörtlich: „Das Geschlecht der Hellenen ist in Europa ausgerottet... Denn auch nicht ein Tropfen edlen und ungemischten Hellenenblutes fliesst in den Adern der christlichen Bevölkerung des heutigen Griechenlands." Wie gesehen, wurde diese These später vom nazistischen Rassentheoretiker Günther fast vorbehaltlos übernommen.

Die ominöse Behauptung Fallmerayers über das gänzliche Fehlen von Kunst- und Schönheitssinn bei den Neugriechen ist in der Vorrede des zweiten Teils der Morea (Peloponnes)-Geschichte zu lesen. Dieser Teil wurde 1836 publiziert – also, um nur diese Beispiele zu nennen, nach der Blüte der spätbyzantinischen Kultur in Mystras (Mistra) (einer Blüte, die auch eine griechische „Wiedergeburt" vorankündigte), nach den hervorragenden Leistungen des Malers Dominikos Theotokopoulos und nach den kretischen Literaturmeisterwerken des 17. Jahrhunderts. Bleiben wir bei Theotokopoulos. Hatte der „weise Fallmerayer" (so wird er grosszügigerweise von griechischen Gelehrten bezeichnet) nichts von ihm gehört? Oder hielt er den grossen kretischen Künstler für einen Spanier, obschon dieser als El Greco in die Geschichte einging?

Fallmerayer war zweifellos kein Rassist in dem Sinne, den dieses Wort später erlangte. Politisch könnte er insofern nicht als Reaktionär bezeichnet werden, als er 1848 beim Aufruhr in Deutschland eine Linie einschlug, die, wenn nicht revolutionär, so doch immerhin reformerisch war. Andererseits verband Fallmerayer seinen Weg der Reform mit dem Ziel der Bildung eines Grossdeutschlands. Wie sein anthropologisches Kriterium in der Griechenfrage zeigt, war er weit davon entfernt, den Volkstumsbegriff aufzugeben und die Nation als ein „tägliches Plebiszit" („plébiscite de tous les jours") im Sinne Ernest Renans (1823-1892) zu verstehen. Mit der Erwähnung der Konzeption Renans wird keiner einseitig subjektivistischen Bestimmung des Nationsbegriffs das Wort geredet. Nicht selten wurzelt das mit der Kultur verwobene geistige Moment in den sogenannten objektiven Faktoren (z.B. in der Sprache). Letzten Endes entscheidet indessen das Bewusstsein. Lapidar formuliert: Die Griechen sind Griechen, weil sie sich als solche fühlen.

Bereits 1846 lehnte der Historiker Konstantinos Paparrigopoulos (1815-1891) im Rahmen seiner Kritik an Fallmerayers Doktrin die Erhebung des Blutes zum entscheidenden Merkmal der Nation ab. Er operierte dabei gleichsam mit der Parole „Geist gegen Blut". Auch von nichtgriechischen Historikern wurde Fallmerayers überspitzte Behauptung widerlegt bzw. relativiert. Doch in der Kritik an Fallmerayers Doktrin bleibt oft das wichtigste Argument unerwähnt, nämlich die Verbindung des „hämatologischen" Kriteriums mit einem negativen Werturteil. Fallmerayers Kampf gegen das klassizistische Philhellenentum war weitgehend durch das Bestreben motiviert, dem russischen Expansionismus entgegenzutreten. Da der Verfasser der Morea-Geschichte die Griechisch-Orthodoxen blutsmässig grossenteils für Slawen hielt, stand er deren Bündnis mit Russland ablehnend gegenüber. Das antirussische Engagement und die Liebe des begabten Stilisten für überspitzte Formulierungen verleiteten ihn nicht nur zur Verkennung der ideologisch-politischen Kraft des Griechentums und des Philhellenentums, sondern darüber hinaus zu diskriminierenden Äusserungen über das neuhellenische Volk.

Fallmerayer begnügte sich nicht mit dem zitierten Satz von der Nichtexistenz auch nur eines Tropfens echten und ungemischten Hellenenblutes, sondern er behauptete ausserdem, dass mit dem Aussterben der Hellenen jegliches wichtige Kulturelement verschwunden sei, insbesondere der „Sonnenflug des Geistes". Flüchtig bekundete Fallmerayer im Rahmen ironischer Bemerkungen über das Tränenvergiessen der Philhellenen von oben herab Sympathie mit dem „Jammergeschick" der „Sprachgriechen"; aber er sprach diesen wegen des mangelnden echten und ungemischten Hellenenblutes jegliche schöpferische Kraft ab. Zwar spürte Fallmerayer schon früh eine grosse Neigung zu den klassischen Studien. Doch sein Humanismus blieb letztlich formal und inhaltsleer. Das anthropologisch-biologische Kriterium versperrte ihm den Weg zur Erkenntnis, dass die hellenische Kontinuität nicht ins enge Schema der Abstammung hineingepresst werden darf.

„Was das alte mit dem neuen Hellas verbindet, ist nicht das ungemischte Blut, sondern die ungebrochene geistige Überlieferung und deren Instrument, die Sprache." Dieser grundsätzlich zutreffenden Feststellung Wolf Seidls ist hinzuzufügen, dass die ungebrochene geistige Tradition nicht etwa als nahtlos oder als frei von Antinomien zu verstehen ist. Mit anderen Worten darf die historische Kontinuität nicht verabsolutiert werden. Und noch etwas: Im Falle des Hellenentums spielte und spielt die Sprache zweifellos eine hervorragende Rolle. Doch die Sprache stellt nicht auch unbedingt ein Argument für phyletische Kontinuität dar. Ausserdem bestimmt die Sprache nicht immer die Zugehörigkeit zu einer Nation. Ein „klassisches" Beispiel bildet die „politische Nation der Schweizer".

Unter dem Druck des „Fallmerayer-Syndroms" war man in Griechenland oft bemüht, den „historischen Nachweis" zu erbringen, dass die neuere hellenische Nation direkt von Perikles abstamme. Zwar sind im Rahmen einer nüchternen

Geschichtsschreibung hinsichtlich der Überwindung des „Fallmerayer-Traumas" Fortschritte zu verzeichnen. Doch das „Fallmerayer-Syndrom" taucht trotzdem in betont nationalbewussten Kreisen Griechenlands immer wieder auf, wenn Gedanken über die hellenische Geschichte und Identität angestellt werden. Bezeichnend hierfür ist z. B. die „ethnogenetische Untersuchung" von Aris N. Poulianos, der auf Grund des „gesammelten anthropologischen Materials" zum Ergebnis kommt, „dass es eine ununterbrochene phyletische Einheit des Volkes Griechenlands im Laufe seiner ganzen Geschichte zumindest seit den neolithischen Zeiten gibt".

Poulianos befasste sich insbesondere mit der Abstammung der Kreter in einer „anthropologischen Untersuchung auf der Insel der Tapferkeit (der Leventia)". Auch hinsichtlich der Kreter vertritt er die These der phyletischen Kontinuität. Zumindest in den letzten zehntausend Jahren seien die Kreter anthropologisch dasselbe Volk geblieben. Es habe zwar fremde Einflüsse gegeben; diese hätten aber den „ursprünglichen phyletischen Kern" nicht verändert. Poulianos bezeichnet die These des Vordringens Angehöriger der nordischen Rasse ins alte Hellas als unwissenschaftlich. Insofern ist er der Antipode des Rassentheoretikers Günther. Methodologisch bedient er sich jedoch einer ähnlichen Argumentation.

In der Polarität der Ansichten Günthers einerseits und Poulianos' andererseits zeigt sich die Problematik des Abstellens auf das Blut, auf das „hämatologische" Kriterium – eine Problematik, die besteht, gleichgültig, ob man davon ausgehend die Abstammung bejaht oder nicht. Es ist daher befremdend, dass Mary Lefkowitz im Rahmen ihrer zu einem guten Teil zutreffenden kritischen Bemerkungen über den „Afrozentrismus" in der Frage der Herkunft der Hellenen zustimmend auf Poulianos verweist. Zweifellos kann auch die biologische Anthropologie der Geschichtsschreibung wertvolle Dienste leisten. Doch dabei ist höchste Vorsicht geboten, weil voreilige Schlussfolgerungen über die Abstammung gefährlich sind, gleichgültig, ob diese bejaht oder verneint wird. Vor allem sollte im Rahmen einer ethnogenetischen Untersuchung das Willensmoment nicht verkannt oder unterschätzt werden. Unerlässlich ist ausserdem strenge Distanz zu Haltungen, welche auf der Annahme beruhen, diese oder jene Rasse bzw. ethnische Gruppe sei wertvoller als andere oder gar alle anderen.

Der Stolz auf die jahrtausendelange, in mancher Periode ruhmreiche Geschichte, prägt das neuhellenische Selbstverständnis und somit auch das Identitätsbewusstsein der heutigen Kreter, wobei die zitierten Sätze Fallmerayers als Provokation empfunden werden. Andererseits erweist sich die glorreiche Vergangenheit in manchem Fall als Würde und Bürde zugleich. Es machen sich Tendenzen nach einer „Befreiung von der Vergangenheit" bemerkbar. Die Revolte gegen die prächtige Vergangenheit – in den Augen der klassizisierenden Humanisten eine Hybris – nimmt gelegentlich ein „ikonoklastisches" Ausmass an, die Dimension des Verlangens nach regelrechter „Säuberung" des Landes von den Denkmälern der Antike. Während der Nazi-Okkupation sagte mir ein Kommilitone in Athen: „Komm, wir sprengen die Akropolis in die Luft!" Natürlich war das schwarzer Humor, der zu einem guten Teil durch den Umstand motiviert wurde, dass auf der Akropolis die Hakenkreuzfahne wehte. Doch durch den Scherz des jungen Studenten schimmerte auch die besagte „ikonoklastische" Wut durch.

Der Widerspruch zwischen Würde und Bürde lässt sich beseitigen, wenn man die historische Kontinuität Griechenlands sachlich-nüchtern auffasst. Diese Kontinuität ist nicht im Sinne der vom Fallmerayer-Syndrom belasteten grotesk-bedenklichen Kontroverse um die Reinheit des Blutes zu verstehen. Wie dargelegt, wurzelt die Kontinuität letztlich im hellenischen Bewusstsein der heutigen Griechen, das sich u.a. von der Erhaltung der Sprache nährt. Für diejenigen, für die der Geist und nicht das Blut zählt, ist nicht Fallmerayers Verdikt über den „mangelnden Schönheitssinn" der Neugriechen massgebend, sondern Kazantzakis' Worte über sein Verhältnis zu Dominikos Theotokopoulos, wie er dieses in seinem Buch „Anafora ston Greco" („Rechenschaft vor El Greco") zum Ausdruck bringt.

Er stehe wie ein Soldat vor dem General, schreibt Kazantzakis in der griechischen Originalausgabe des Buches, und erstatte El Greco Bericht. Denn El Greco sei, wie er, Kazantzakis, auf Kreta geboren und könne ihn deshalb besser verstehen. Der Kreter Kazantzakis berichtet also dem Kreter Theotokopoulos von seinem Leben. Und im Grunde bringt er das eigene geistige Ringen mit demjenigen des grossen Malers in Verbindung. Der geistige Kampf, nicht das hellenische Blut, verbindet hier den „Soldaten" und den „General". In seinem Spanien-Reisebuch ging Kazantzakis sogar so weit, unter Hinweis auf die im 9. nachchristlichen Jahrhundert erfolgte Eroberung Kretas durch Araber aus Spanien zu behaupten, in den Adern El Grecos sei „auserwähltes arabisches Blut" geflossen! In den kretischen und spanischen Adern sei arabisches Blut geflossen, deshalb habe sich El Greco in Toledo zuhause gefühlt!

Diese Deutung, in der das „hämatologische" Moment bedenklicherweise wiederum auftaucht, hält natürlich den wissenschaftlichen Erfodernissen nicht stand. Doch in unserem Zusammenhang interessiert die Tatsache, dass Kazantzakis in Theotokopoulos einen Vorfahren im geistigen Sinne des Wortes sah. Im Spanien-Reisebuch wirft er die Frage auf, warum El Greco zweieinhalb Jahrhunderte lang vergessen war. Seine Antwort darauf: El Greco habe nach dem Wesen der Dinge gesucht. In den schöpferischen Perioden der Menschheit bestehe das Ziel der Kunst nicht in der Schönheit, sondern in der Erlösung. Das geistige Ringen werde nur in fruchtbaren Übergangsperioden verstanden. Nach dem zutreffenden Urteil des Kreters Pantelis Prevelakis symbolisiert El Greco in den Augen Kazantzakis' den Kampf gegen die „Verblendung der Menschen". In diesem Zusammenhang erinnert Prevelakis an die Tatsache, dass das von El Greco für die Kapelle des Escorial gemalte „Martyrium des hl. Mauritius und der thebaischen Legion", das „geistigste

Bild" des Malers, von Philipp II. abgelehnt wurde, weshalb sich Theotokopoulos ganz nach Toledo zurückzog.

Dominikos Theotokopoulos gilt heute als einer der grössten Maler aller Zeiten. Trotzdem gibt es in bezug auf sein Leben und seinen künstlerischen Werdegang nicht wenige Unklarheiten. Dies hängt u.a. damit zusammen, dass er, wie Kazantzakis in einem Artikel im Eleftheroudakis-Lexikon und in seinem Spanien-Reisebuch bemerkt, nach seinem Tod (1614) sehr lange Zeit vergessen war. Als Geburtsdatum des grossen Künstlers wird meistens das Jahr 1541 angegeben. Dafür scheinen gewisse historische Quellen zu sprechen. Wo wurde er aber geboren? Im rund dreissig Kilometer östlich von Iraklio[n] liegenden Dorf Fodele? Oder im ehemaligen Candia, dem heutigen Iraklio[n]? Auch andere Orte Kretas erheben Anspruch, die Geburtsstätte El Grecos zu sein. Seit den sechziger Jahren des 20. Jahrhunderts gewinnt unter den Wissenschaftlern die These an Boden, dass Dominikos Theotokopoulos in Candia geboren wurde, also dort, wo im Altertum der Hafenort von Knossos lag und wo die Araber die Stadt Chandaka (Khandak) gründeten, die dann die Byzantiner übernahmen und die Venezianer zur Festung Candia ausbauten.

Während langer Zeit hatte man angenommen, dass Dominikos Theotokopoulos um das Jahr 1560 nach Venedig gegangen sei. Der griechische Gelehrte Konstantinos D. Mertzios aber entdeckte 1961 in den Archiven Venedigs eine im Juni 1566 in Candia verfasste notarielle Urkunde, welche die Unterschrift Theotokopoulos' trägt, und zwar mit einem auf seine Berufsbezeichnung („Meister" und „Maler") hinweisenden Vermerk. Die Entdeckung von Mertzios erregte grosses Aufsehen, denn sie spricht dafür, dass Theotokopoulos erst 1566 oder später nach Venedig zog. Nikolaos M. Panagiotakis (1935-1997), ein guter Kenner der kretischen Kultur der Zeit der Venezianerherrschaft, kam 1986 nach eingehenden Forschungen zum Ergebnis, dass Theotokopoulos schon 1563 in Chandaka als Kunstmaler tätig war. Aus jenem Jahr stammt unter anderem ein amtliches venezianisches Dokument, in dem Theotokopoulos als „Maestro Domenigo Theotocopoulo“ erwähnt wird.

Heute besteht in den Fachkreisen weitgehend Konsens darüber, dass es eine kretische Periode des Künstlers Dominikos Theotokopoulos gab. In jenen Jahren (etwa 1558 bis 1567/1568) entstanden z.B. das Bild des die Panagia (Muttergottes) malenden Evangelisten Lukas und dasjenige über die Anbetung der Magier (drei Weisen). Beide Werke sind im Benaki-Museum in Athen ausgestellt. Das 1983 entdeckte Bild über die Himmelfahrt Mariens (Ermoupolis, Syros) trägt die seltene Unterschrift DOMINIKOS (DOMENIKOS) THEOTOKOPOULOS O DEIXAS. Auf anderen Werken figuriert die Unterschrift CHEIR DOMENIKOU (Hand des Dominikos). Gemäss Maria Constantoudaki-Kitromilides zeugt der antikisierende Zusatz o deixas (etwa: derjenige, der etwas sichtbar gemacht hat) vom hohen kulturellen Niveau des Künstlers, von seinem Selbstbewustsein und vom Einfluss jenes Renaissance-Geistes, der damals in den Künstlerkreisen von Chandaka verbreitet war.

Harold E. Wethey, ein hervorragender Kenner El Grecos und seiner Schule, hatte bezweifelt, dass die oberwähnten, im Benaki Museum ausgestellten Bilder wirklich Werke des berühmten Theotokopoulos sind. Diese Auffassung hing mit der an und für sich begreiflichen Skepsis gegenüber der Tendenz zusammen, allzu viele Bilder dem jungen El Greco zuzuschreiben. Schon 1963 entkräftete jedoch der angesehene kretische Byzantinist und Kunsthistoriker Manolis Chatzidakis die Zweifel Wetheys betreffend die Benaki-Exponate. Chatzidakis berief sich nicht nur auf die sensationelle Entdeckung Mertzios’, sondern auch auf allgemeinere Überlegungen über die Kulturentwicklung auf Kreta während der Zeit Theotokopoulos’. Unter anderem wies Chatzidakis darauf hin, dass die damaligen kretischen Maler imstande waren, sowohl a la greca als auch al italiana zu arbeiten.

Chatzidakis verfiel nicht jenem Nationalismus, der für die Deutung bzw. für die Rezeption El Grecos in manchem Fall bezeichnend war und zum Teil immer noch ist. Er beging aber auch nicht den Fehler, El Greco ohne Heranziehung des jungen Kreters Theotokopoulos interpretieren zu wollen. Chatzidakis betonte, dass Theotokopoulos in der mittelalterlichen Welt Kretas seine Laufbahn begann. Auf Kreta malte man damals byzantinisch, ohne die venezianische Malerei zu ignorieren. Laut Chatzidakis lernte Theotokopoulos die grosse Kunst der Venezianer, als diese zum Manierismus zu neigen begann. Er empfing in Rom die manieristischen Überbleibsel der Kunst von Michelangelo und befreite sich erst im Spanien von Karl V. davon. In Spanien identifizierte er sich mit der mystizistischen katholischen Welt. El Greco gab dieser Welt, die über keine eigene Tradition verfügte, den geeigneten Ausdruck. Und dennoch blieb er stets, so schrieb Chatzidakis wörtlich, „sowohl in Italien als auch in Spanien der unangepasste Fremde, der Verbannte, der Grieche (der Graikos)".

Bei dieser Deutung könnte man vielleicht hier oder dort die Akzente anders setzen. Eines steht jedoch fest: Ohne Berücksichtigung der kretischen Periode kann man das Werk des grossen Malers nicht befriedigend verstehen. Selbstverständlich wäre Theotokopoulos nicht El Greco geworden, wenn er nicht die ausserordentlich wertvollen Impulse genutzt hätte, die er in Italien und Spanien empfing. Diese Impulse dürfen indes den kretischen Hintergrund seines Schaffens nicht in den Schatten stellen. Wer diesen Hintergrund verkennt oder unterschätzt, geht nicht nur an einer wichtigen Periode des Werdegangs des Theotokopoulos vorbei, sondern überhaupt an einer sehr bedeutenden Phase der Kulturentwicklung Kretas. Gemeint ist hier insbesondere die Hochblüte der Malerei (vor allem der Ikonenmalerei) vom 13. bis zum 17. Jahrhundert. Es geht mit anderen Worten nicht „nur" um El Greco, sondern auch um zahlreiche weitere hochbegabte Künstler, wie etwa Michail Damaskinos (zweite Hälfte des 16. Jahrhunderts) und dessen Zeitgenosse Georgios Klontzas. Als Fallmerayer seine abschätzige Bemerkung über den fehlenden Kunstsinn der Neugriechen machte, verkannte er also nebst vielem anderen die Hochblüte der Malerei im Kreta der Zeit der Venezianerherrschaft.

El Greco gehört der ganzen Menschheit. Nicht „nur" Griechenland, „nur" Italien, „nur" Spanien usw. Und natürlich gehörte der berühmte Maler nicht dem Spanien des Diktators Franco, dem der Nationalsozialist Hugo Kehrer sein 1939 erschienenes Buch über El Greco als Gestalt des Manierismus mit der abscheulich kriecherischen Verherrlichung widmete: „glorioso liberador de España". El Greco gehört der ganzen Menschheit, obschon seine Werke in unserer kommerzialisierten Welt oft den Gegenstand krämerischer Transaktionen bilden. 1997 wurde in New York ein Bild von ihm für 3,6 Millionen Dollar verkauft. Doch El Greco hört nicht auf, jener Kreter zu sein, der seine Heimatinsel verliess, aus welchen Gründen auch immer möglicherweise von der Orthodoxie zum Katholizismus übertrat, eine neue Heimat fand, aber in gewissem Sinn dennoch ein Leben lang fremd blieb, ein begabter „Gastarbeiter" der Kunst.

Der Kreter Portos und der „Barbar" Melville

Dominikos Theotokopoulos war natürlich nicht der einzige Kreter, der seine Heimatinsel verliess und im Westen „Karriere" machte. Hier ist hervorzuheben, dass Byzanz zum europäischen Humanismus entscheidend beitrug. Es sei insbesondere auf die Aktivität jener Männer hingewiesen, die im 14. und 15. Jahrhundert die Kenntnisse der griechischen Sprache und Literatur in Italien verbreiteten und auf diese Weise das von Byzanz gehütete Kulturerbe dem

Westen vermittelten. Wie ich in meinem Buch „Das andere Byzanz" ausführlicher darlege, war das Wirken dieser Diaspora-Byzantiner für den europäischen Humanismus von grosser Bedeutung. Die betreffenden griechischen Gelehrten waren teils aus Konstantinopel, so z.B. der um 1350 dort geborene Humanist Manuel (Manouil) Chrysoloras, teils aus anderen Orten, insbesondere auch aus Kreta, gekommen.

Nicht wenige von den betreffenden Griechen verliessen ihre Heimat schon vor der im Jahr 1453 erfolgten Eroberung Konstantinopels durch die Türken. Nicht in allen Fällen waren die Auswanderer Flüchtlinge im strengen Sinne des Wortes. Anders ausgedrückt: Die Förderung des europäischen Humanismus durch byzantinische Gelehrte hing nicht immer mit der Flucht vor den Türken zusammen. Es muss dabei in Betracht gezogen werden, dass im 14. Jahrhundert trotz des West-Ost-Gegensatzes vielfältige Kontakte zwischen Italienern und hellenischen Byzantinern bestanden. Zur engeren hellenisch-italienischen Berührung trug in manchem Fall die Lateinerfreundlichkeit bestimmter Byzantiner bei, was sich wiederum auf den Einfluss des Diaspora-Griechentums in Italien positiv auswirkte. Ein aufschlussreiches Beispiel hierfür ist die Tatsache, dass der 1397/98 geborene Gelehrte Demetrios Kydones Thomas von Aquin ins Griechische übersetzte.

Der Schweizer Historiker Jacob Burckhardt (1818-1897) hat in seinem meisterhaften Werk über die Renaissance in Italien den Beitrag der „griechischen Gelehrsamkeit" zur Kulturblüte im Florenz des 15. und 16. Jahrhunderts gebührend gewürdigt. Seit Jacob Burckhardt vermehrte die Forschung unser Wissen über diesen Beitrag. Dadurch wurde die Bedeutung der byzantinischen Diaspora akzentuiert. Erasmus von Rotterdam (gest. 1536) hörte während eines Italienaufenthaltes in Padua den kretischen Gelehrten Markos Musuros (1470-1517) dozieren. Padua zählte zu jenen italienischen Städten (Rom, Bologna, Ferrara, Venedig u.a.), welche nebst Florenz damals besoldete Lehrer des Griechischen hatten. Musuros war ein enger Mitarbeiter des bedeutenden humanistischen Verlegers Aldus Manutius (1450-1515). Bei Aldo Manucci wurden die wichtigsten Autoren zum ersten Mal griechisch gedruckt.

Die Diaspora-Griechen, von denen hier die Rede ist, benutzten im Alltag und in ihrer Lehrtätigkeit die Aussprache ihrer Zeit, nicht die geschichtlich überholte Phonetik der alten Griechen. Dieser Praxis folgte auch der deutsche Humanist Johannes Reuchlin (1455-1522). Kapnion (Capnio) – so hatte Reuchlin seinen Namen gräzisiert – stand unter dem Einfluss seiner griechischen Lehrer. Er war deshalb ein Befürworter des sogenannten Itazismus oder Jotazismus. Gemäss dem Itazismus werden alle Vokale, welche die nachantiken Griechen als i aussprachen bzw. aussprechen, ebenfalls als i ausgesprochen. Für die griechischen Byzantiner war der Itazismus etwas ganz Selbstverständliches. Der Spätbyzantiner Johannes (Ioannis) Argyropulos (Argyropoulos) (um 1415-1487) war begeistert, als er in Italien Reuchlin kennenlernte und ihn in der ihm vertrauten Aussprache seine griechische Muttersprache sprechen hörte. Argyropoulos soll enthusiastisch ausgerufen haben: „Siehe da, Griechenland hat durch unser Exil die Alpen überflogen!" („Ecce, Graecia nostro exsilio transvolavit Alpes").

Im humanistischen Europa konnte sich allerdings die „byzantinisch-neugriechische", von der Phonetik des Altgriechischen in mancher Beziehung abweichende Aussprache nicht durchsetzen, obschon sie das Resultat einer natürlichen und organischen Sprachentwicklung bildete bzw. bildet. Nicht Reuchlins lebensnahe Sprachauffassung siegte, sondern diejenige von Erasmus von Rotterdam, also insbesondere der dem Itazismus widersprechende sogenannte Etazismus. Erasmus unternahm in der in Basel entstandenen Arbeit über die richtige Aussprache des Lateinischen und des Griechischen („De recta Latini Graecique sermonis pronuntiatione dialogus") die Rekonstruktion der altgriechischen Phonetik. Nicht zuletzt jener Rekonstruktion „verdanken" wir heute zahlreiche Inkonsequenzen und Schwierigkeiten bei der Transkription griechischer Wörter – Inkonsequenzen und Schwierigkeiten, welche sich notgedrungen auch im vorliegenden Buch widerspiegeln.

Der zentrale Gedanke von Erasmus, dass die alte griechische Aussprache nicht die gleiche gewesen sein kann wie die neue, ist zweifelsohne zwar im Prinzip richtig. Etwas anderes ist freilich die Frage, ob und in welchem Ausmass die Restauration der altgriechischen Phonetik, wie Erasmus sie vornahm, über jeden Zweifel erhaben ist. Es kann hier nicht auf Einzelheiten eingegangen werden. Ich beschränke mich lediglich auf zwei Bemerkungen zur Verdeutlichung der Sache. Eines der klassischen Argumente der Befürworter der erasmischen Theorie ist ein Vers des Dichters der altattischen Komödie Kratinos. Wenn man diesen Vers gemäss der „byzantinisch-neugriechischen" Aussprache (also das Eta als i und das Beta als w) läse, müsste man zur absurden Schlussfolgerung kommen, die Schafe hätten im 5. vorchristlichen Jahrhundert wi, wi und nicht bä, bä geblökt! Andererseits gibt es altgriechische Quellen, welche zeigen, dass wir hinsichtlich der altgriechischen Phonetik zumindest vorsichtig sein sollten. Hierher gehört etwa ein Orakelspruch von Delphi, mit dem offenbar die Altgriechen Probleme hatten, denn es war nicht klar, ob der Spruch Hungersnot (limos) oder Pest (loimos) meinte.

Ungeachtet ihres historisch richtigen Kerns errichtete die erasmische Aussprache eine Mauer zwischen den Fremdsprachigen und den Neugriechen, denn sie ging und geht an der sprachlichen Fortentwicklung vorbei. Wenn sich das Sprachgefühl Reuchlins durchgesetzt hätte, gäbe es diese Mauer nicht, und die ausländischen Bewunderer des alten Griechenland würden sich im Umgang mit der Volkssprache leichter zurechtfinden. Sie hätten zudem einen besseren Zugang zu den einheimischen Idiomen, z.B. zum kretischen Dialekt. Das Festhalten an der erasmischen Aussprache fördert im übrigen die irrige Meinung, das (nur in seiner antiken Form gelehrte und gelernte) Griechische sei eine tote Sprache. Es ist hier nicht der Ort, ausführlich darzulegen, dass das Griechische trotz der vielen Veränderungen, die es durchgemacht hat, keine tote Sprache ist. Die Interessierten verweise ich auf den betreffenden Abschnitt meiner „Neugriechischen Grammatik", wo ausgeführt wird, wie sich das Neugriechische aus dem Altgriechischen entwickelt hat. Hervorzuheben ist im Rahmen der vorliegenden Darstellung die Erhaltung der hellenischen Sprache im Laufe der Jahrtausende, insbesondere die eindrucksvolle Verbreitung des Griechischen während der hellenistischen Zeit oder die Zweisprachigkeit der geistigen Elite während der römischen Epoche.

Es ist allerdings ein Vorteil der erasmischen Aussprache nicht zu verschweigen. Sie hilft, zumindest bis zu einem gewissen Grade, bei der Orthographie. Das hob schon der namhafte kretische Linguist Georgios N. Chatzidakis (Hatzidakis) (1848-1941) hervor. Und noch etwas, was sogar wichtiger ist. Es wäre nicht richtig, wenn die Kritik daran, dass sich die erasmische Aussprache im humanistischen Westen durchgesetzt hat, eine „patriotische" Färbung erhielte. Chatzidakis hat dies ebenfalls betont, obschon er davon überzeugt war, dass es prinzipiell unmöglich sei herauszufinden, wie die altgriechische Aussprache wirklich war. Für den kretischen Sprachforscher ist die Frage der Aussprache nicht eine nationale, in dem Sinne, „dass die identische Aussprache auch die Volkszugehörigkeit beweise, die echte Abstammung von den alten Griechen".

Vom geschichtlichen Standpunkt aus ist es interessant, dass sich die erasmische Aussprache nicht nur im deutschsprachigen Raum durchsetzte. Nicht zuletzt wegen des Prestiges von Erasmus „eroberte" sie unter anderem den französischsprachigen Raum. In unserem Zusammenhang ist der Umstand von besonderer Bedeutung, dass nach dem zutreffenden Urteil des schweizerischen Hellenisten Olivier Reverdin (1913-2000) die Übernahme der erasmischen Aussprache im französischsprachigen Genf fast auf dogmatische Art und Weise erfolgte. Reverdin lehrte an der Universität Genf während 38 Jahren die griechische Sprache und Literatur. Er hinterliess uns unter anderem interessante

Ausführungen über die minoische Epoche in einem mit Photographien aus dem Nachlass von Rudolf Hoegler 1960 in Luzern erschienenen Bildband, in dem Kreta als Mutterland der Kultur Europas gepriesen wurde. Der Schweizer Altgräzist war im Gegensatz zu manchen seiner Kollegen auch des Neugriechischen kundig.

Als Direktor des unter der Ägide des Europarates stehenden Europäischen Kulturzentrums Delphi hatte ich in den Jahren 1977-1979 die Ehre und Freude, mit Olivier Reverdin zusammenzuarbeiten. Er war auf meinen Vorschlag hin zum Mitglied des Verwaltungsrates dieses Kulturzentrums ernannt worden. Später schickte er mir einen vierzehnseitigen Text, der teils Autobiographisches enthielt, teils sich auf die Auseinandersetzungen über die Aussprache des Griechischen bezog. Der Text war für einen Band bestimmt, der mein unvergesslicher Freund Gunnar Hering, Professor an der Universität Wien, 1993 zu meinen Ehren veröffentlichte. Reverdins Text enthält Köstliches über den Kampf zwischen der erasmischen und der „byzantinisch-neugriechischen" (oder schlicht und einfach der neugriechischen) Aussprache im Genf des 16. Jahrhunderts.

Gemäss dem schon erwähnten Urteil Reverdins wurde die erasmische Aussprache in Genf auf fast dogmatische Art und Weise übernommen. Hier spielten zwei Gelehrte eine wichtige Rolle: Robert Estienne (1503-1559) und Théodore de Bèze (1519-1606). Beide widmeten ihr Leben und ihr Werk dem Calvinismus. Robert Estienne, der in Paris geboren wurde, kam 1550 nach Genf, wo er die Reformation mitmachte und Calvins Bücher verlegte. Bereits in Paris hatte Robert Estienne im Jahr 1547 die Schrift von Erasmus über die Aussprache des Lateinischen und des Griechischen verlegt. In Genf führte er seinen Kampf für die „wahre und richtige" Aussprache, für die „germana pronuntiatio" der alten Griechen, weiter. Zur Vermeidung von Missverständnissen: Germana heisst echt. Für diese germana pronuntiatio (für die echte Aussprache, worunter die erasmische Doktrin verstanden wurde) setzte sich auch Théodore de Bèze, ein des Griechischen mächtiger Theologe, ein. Er war aus dem Burgund geflohen, und nach dem 1569 erfolgten Tod Calvins wurde er Nachfolger des Reformators in der Genfer Kirchenführung.

Jene Genfer Gelehrten waren also sozusagen Philhellenen. Sozusagen. Sie waren Griechischkenner auf ihre Art. Mit Leidenschaft bekämpften sie die neugriechische Aussprache, die sie als verdorben und nicht einmal für korrigierbar hielten. 1568 schrieb de Bèze, dass diese Vulgäraussprache corruptissima und nicht erneuerbar sei. Er verurteilte den armen Reuchlin und dessen Anhänger, die sich um die Entwicklung der Sprache im Laufe der Jahrhunderte kümmerten. Und er behauptete, dass die einzig richtige (recta) und wahre (vera) Aussprache die germana pronuntiatio sei. Es mutet grotesk an, dass die, die diese Ansicht vertraten, Menschen waren, die sich mit den Evangelien beschäftigten, deren warme, menschliche Sprache, die sogenannte Koine, so nahe beim heutigen Sprachgefühl ist. Und das nicht nur unter dem Gesichtspunkt der Aussprache.

Nicht nur Robert Estienne, sondern auch sein Sohn Henri Estienne (1528-1598), ein hervorragender Gräzist (oder besser Altgräzist), fühlte sich der sogenannten germana pronuntiatio, der „authentischen“ Aussprache des Griechischen, gänzlich und ausschliesslich verpflichtet. In einem 1587 in Genf veröffentlichten Text brachte er seine Empörung darüber zum Ausdruck, dass in einem in Venedig herausgegebenen Handbuch die lateinische Transkription des griechischen Vaterunsers nicht gemäss der erasmischen, sondern gemäss der neugriechischen Phonetik vorgenommen worden war. Für Henri Estienne war der Herausgeber des Handbuches ein unglaubwürdiger Lehrer. Mit anderen Worten war Henri Estienne der Meinung, dass die Fremdsprachigen, die Griechisch lernten, pater hemon und nicht pater imon aussprechen sollten. In seinen Ohren klang die Aussprache pater imon falsch, obschon sie schon damals in allen griechisch-orthodoxen Kirchen befolgt wurde. Aller Wahrscheinlichkeit nach war die Transkription des Handbuchs von Venedig das Werk eines Griechen. Oder sie ging auf seinen Einfluss zurück. Henri Estienne jedoch meinte, das einzig Richtige zu beherrschen.

Es gibt ein griechisches Sprichwort, das verwendet wird, wenn man sich für Dinge kompetent fühlt, für welche andere zuständiger sind. Das Sprichwort lautet: Komm Grossvater, ich will dir deine Weinberge und Äcker (ambelochorafa) zeigen. Henri Estienne wollte dem Griechen von Venedig eine Lektion erteilen, ihn also über dessen eigene Sprache belehren, oder ihm, gemäss dem Sprichwort, seine eigenen Weinberge und Äcker zeigen. Ich erwähne hier das Sprichwort von den ambelochorafa, um die Geschichte des Kreters Frangiskos Portos (1511-1581) und des Schotten Andrew Melville deutlicher zu machen, von der nun die Rede sein wird. Diese Geschichte ist für die Haltung der griechischen Gelehrten einerseits und etlicher Gräzisten nichtgriechischer Herkunft andererseits im Zeitalter des traditionellen Humanismus aufschlussreich.

Portos war möglicherweise italienischer Abstammung. Aber er fühlte sich als Grieche. Und er bezeichnete sich auch so. Wie gesehen, zählt nicht das Blut, sondern das Selbstverständnis. Ich könnte über Frangiskos Portos vieles schreiben, aber ich beschränke mich auf das kurze Portrait, das uns Nikolaos M. Panagiotakis hinterlassen hat. Portos wurde während der Venezianerherrschaft in Rethymno[n] auf Kreta geboren. Seine Familie war katholisch. Laut Panagiotakis wurde er aber zum bedeutendsten griechischen Anhänger der Reformation. Er war mit Calvin befreundet. Nach abenteuerlicher Lehrtätigkeit in Modena und Ferrara fand er in Genf Zuflucht, wo er von 1562 bis 1581 (also bis zu seinem Tode) lebte. Er lehrte dort an der Universität. Er war Lehrer des grossen französischen Philologen Isaac Casaubon (1559-1614) und gab altgriechische Schriften heraus.

Laut Olivier Reverdin wurde Francisco Porto (Frangiskos Portos) am 25. September 1561 mit der Erteilung des Griechisch-Unterrichts an der Genfer Akademie (d.h. an der Universität) beauftragt. In der betreffenden Urkunde stand neben seinem Namen der Vermerk „griechischer Nationalität" („de nation grecque"). Reverdin bemerkt, dass Portos die griechische Sprache vorzüglich beherrschte. Und gemeint ist hier natürlich das Altgriechische, denn das Neugriechische war die Sprache seiner Heimat. Portos übersetzte z.B. die Ilias Homers ins Lateinische.

1569 kam der Schotte Andrew Melville nach Genf. Er wurde mit dem Griechisch-Unterricht am Genfer Collège beauftragt. Melville brachte die berühmt-berüchtigte germana pronuntiatio mit sich, die „einzige echte Aussprache des Griechischen", die er an der Universität seiner Heimat gelernt hatte. So war es nur natürlich, dass er sich mit Frangiskos Portos verkrachte. Portos sprach das Griechische (auch das Altgriechische) nicht erasmisch aus, sondern nach den Regeln der neugriechischen Phonetik – Regeln, die notabene nicht so neu sind, sondern auf lautliche Veränderungen zurückgehen, denen wir schon in ziemlich entfernten Zeiten begegnen. Diese Regeln wurden von den klassizisierenden Philologen der Zeit Melvilles als Regeln der gemeinen, der vulgären Sprache betrachtet und oft verachtet.

Gemäss einem Zeugnis, das Reverdin erwähnt, besuchte Melville die Griechisch-Vorlesungen von Portos, war aber mit dessen Aussprache gar nicht einverstanden. Die beiden Gelehrten stritten darüber. Und Portos sagte zu Melville mit Empörung: Ihr Schotten, ihr Barbaren, wollt ihr denn uns Griechen die Aussprache unserer eigenen Sprache lehren? („Vos Scoti, vos Barbari! Docebitis nos Graecos pronuntiationem linguae nostrae, scilicet?"). Man könnte die Worte Portos' in Anknüpfung an das Sprichwort von den ambelochorafa folgendermassen paraphrasieren: Willst du, ein Aussenstehender, mir meine eigenen Weinberge und Äcker zeigen?

Wie erwähnt, war Portos vielleicht italienischer Abstammung. Er war zuerst Katholik und dann Calvinist. Er lebte in Genf im Exil. Aber er blieb Kreter. Ein Kreter im Quadrat. Ein Kritikaros, wie die ausdrucksvolle griechische Bezeichnung heisst. Ich will nicht verschweigen, dass ich für diesen

Kritikaros grosse Sympathie empfinde. Nicht weil auch ich kretischer Abstammung bin, sondern deshalb, weil Portos die kulturelle Kontinuität des Griechentums und somit auch diejenige der griechischen Sprache begriffen hatte. In einer Zeit, in der sich Symptome kultureller Nivellierung bemerkbar machen (ich denke an das Denglisch und analoge Erscheinungen in Griechenland), sind Portos' Worte höchst aktuell.

Im übrigen scheint Portos in gewissem Sinne eine tragische Gestalt gewesen zu sein. Wie Dominikos Theotokopoulos ging auch er in die Fremde. Er fand eine neue Heimat. Aber wie El Greco blieb auch er trotz seiner Identifizierung mit dem Calvinismus in der neuen Heimat in mancher Hinsicht fremd. Bei beiden Kretern scheinen die religiösen Gegensätze ihrer Zeit eine gewisse Rolle gespielt zu haben. Doch diese Gegensätze tangierten ihr griechisches Selbstverständnis nicht. El Greco war ein „Gastarbeiter“ der bildenden Kunst, Portos ein solcher der Linguistik. Portos' Werdegang illustriert, dass das Los eines Gräzisten nicht leicht ist – vor allem wenn dieser zugleich auch Grieche ist.

Der „religiöse Humanist“ Lukaris

Die Identifizierung des Frangiskos Portos mit dem Calvinismus erinnert an das Wirken des Kyrillos Lukaris (Loukaris) (1572[?]-1638), dessen grossartige Gestalt den sogenannten religiösen Humanismus verkörpert. Der Literaturhistoriker Konstantinos Th. Dimaras verallgemeinert zwar zu stark, wenn er – seine Ausführungen zur Entwicklung des Griechentums von der 1453 erfolgten Eroberung

Konstantinopels durch die Osmanen bis 1669 einleitend – die These aufstellt, in der Erziehung gebe der „fortschrittliche und mutige Geist der Kirche“ den Ton an. Ohne Zweifel gab es während der betreffenden Zeit im Schosse der hellenischen Orthodoxie manche Anstrengung, die man der Terminologie Dimaras' folgend – mit einer beträchtlichen Dosis Willkür freilich – unter den Begriff eines „religiösen Humanismus“ subsumieren könnte. Diese Charakterisierung vermag indessen nicht alle Aspekte der damaligen Rolle der Kirche zutreffend zu kennzeichnen. Die Kirchen- und Religionsgeschichte war in den verschiedenen Entwicklungsphasen in mehr als einer Hinsicht widerspruchsvoll und lässt sich jedenfalls nicht auf einen Nenner bringen. Georgios Scholarios, der unter dem Namen Gennadios II. zum ersten Patriarchen von Konstantinopel unter osmanischer Herrschaft wurde, war sicher ein hervorragender Theologe. Als „religiöser Humanist“ kann aber der Mann, der das Werk Plethons über die Gesetze (oder über die beste Gesetzgebung) verbrennen liess, kaum betrachtet werden.

Der Philosoph Plethon (Georgios Gemistos) wirkte im 15. nachchristlichen Jahrhundert in Mystras (Mistras, Mistra) auf der Peloponnes. In der Nähe von Sparta, für dessen Staatsordnung im Altertum er Sympathien hegte, forderte dieser spätbyzantinische Philosoph die Rückkehr zur von Plato ererbten Tradition. Im vermeintlichen Interesse des mit der Gefahr der osmanischen Expansion konfrontierten Byzantinischen Reiches warf Gemistos das Christentum über Bord. Das Heidentum Plethons, wie dieses in den erhaltenen Fragmenten seines Werks über die Gesetze zum Ausdruck kommt, beruht auf einer Verbindung des Platonismus und Neuplatonismus mit zoroastrischen Elementen und mit dem Fatalismus des Islams. Plethon war ein Platoniker. Aber sein Platonismus war in mancher Hinsicht sui generis.

Gemistos war einer der Hauptrepräsentanten einer geistigen Strömung, für die das Wort „Hellene“ nicht mehr ein Synonym für „Heide“ war. Fast vier Jahrhunderte vor der Gründung des neugriechischen Staates wurde in Mystras die Wiedergeburt des Hellenentums ernsthaft versucht. Unter diesem Gesichtspunkt war Gemistos ein Brückenbauer zwischen Mittelalter und Neuzeit, ja ein Befruchter des europäischen Geistes durch hellenisches Gedankengut oder – anders ausgedrückt – ein Vermittler der Ausstrahlung der byzantinischen Kultur auf den Westen. Zwar war Plethons Doktrin in mancher Hinsicht ein verzweifelter Versuch, das Rad der Geschichte zurückzudrehen. Dieser Versuch war jedoch mit Reformbestrebungen verbunden, die von der Aspiration getragen waren, ein neues Griechenland ins Leben zu rufen. Folglich verdient Georgios Gemistos die Qualifikation des „Propheten des neuen Griechenland", die ihm Nikos Kazantzakis verliehen hat.

In der zweiten Hälfte des 16. Jahrhunderts profilierte sich an der Spitze des Konstantinopler Patriarchats Jeremias II. (der „Tranos", der „Hervorragende") als ein der Bildung, der Philosophie und der Geschichtsschreibung sowie dem Dialog mit deutschen Protestanten grosse Aufmerksamkeit schenkender Kirchenfürst. Dieser bedeutende Mann wagte indessen nicht die Schritte, zu denen die nächste Theologengeneration offenbar bereit war. Hier spielte Lukaris eine entscheidende Rolle. Er stand in der Tradition der älteren Theologen Meletios Pigas (Pegas) (1549-1601) und Maximos Margunios (Margounios) (1459-1602). Alle drei waren Kreter und studierten in Padua. Insofern kamen in ihrem Wirken zum Teil auch die geistigen Strömungen in dem von den Venezianern besetzten Teil Griechenlands bzw. in der hellenischen Diaspora zum Ausdruck, was sich nicht zuletzt in den Schwierigkeiten widerspiegelt, denen die Literaturhistoriker bei der Einordnung dieser Gestalten in das allgemeine Geschehen begegnen.

Wegen seines unabhängigen Geistes war Margunios, Lehrer und Förderer Lukaris', zuerst den Orthodoxen als „prorömisch", dann der Inquisition als „antilateinisch" suspekt. Er wurde Bischof von Kythera, verbrachte aber – nicht zuletzt wegen seiner Schwierigkeiten mit Vertretern der beiden Lager – ein eher turbulentes Leben zwischen Kreta und

Venedig. Pigas, Patriarch von Alexandrien, war mit Lukaris verwandt. Er übte auf den Werdegang des jungen Konstantinos (so lautete der Taufname Lukaris') grossen Einfluss aus. Unter dem Namen Kyrillos I. ging Lukaris als derjenige Patriarch von Konstantinopel in die Geschichte ein, der die Ostkirche mehr oder weniger im Sinne des Protestantismus reformieren wollte.

Die früher seitens orthodoxer Gelehrter angezweifelte Echtheit des „calvinistischen Bekenntnisses" („Confessio", „Homologia") des Lukaris steht fest. Nichtsdestoweniger wäre es falsch, in Kyrillos I. eindimensional den „calvinistischen" Patriarchen zu sehen. Er machte Konzessionen gegenüber dem Calvinismus und unterschätzte dabei die Neigung der Ostkirche zur Mystik. Doch ein wichtiger Beweggrund des grossen Kreters war die Wahrung der nationalen Einheit seiner Landsleute, insbesondere auch gegenüber der „Latinisierungsgefahr". Im übrigen herrscht über diesen oder jenen Aspekt seiner Persönlichkeit manche Unklarheit. Fest steht, dass er zum Opfer der damaligen europäischen Politik wurde. Wie grausam jene Auseinandersetzungen waren, zeigte sein Ende. Er wurde von türkischen Soldaten (Janitscharen) an Bord eines kleinen Schiffes erdrosselt.

Lukaris liess das Neue Testament in die Volkssprache übersetzen. „Hätte Kyrillos seine Ziele erreicht", schreibt Steven Runciman, „so wäre das geistige Niveau der orthodoxen Kirche möglicherweise stark gehoben und die Entwicklung ihres bildungsfeindlichen Obskurantismus weitgehend verhindert worden." In erster Linie darin liegt das Element des „religiösen Humanismus", das im übrigen, wie gesagt, nicht verabsolutiert werden darf. In einem grösseren Zusammenhang betrachtet, gehörte die Leistung der drei erwähnten Theologen aus Kreta, was das Bildungswesen anbelangt, zu jener Strömung innerhalb der Orthodoxie, welche sich zum Ziel setzte, sich in einer für das einfache Volk verständlichen Sprache zu artikulieren. Nicht in allen Fällen ging dieses Bestreben auf eine grundsätzliche und konsequente Ablehnung des sogenannten Attizismus (der Nachahmung der alten Sprache) zurück. Die Sprache von Margunios zum Beispiel ist hier altertümlich, dort volksnah. Auch die Anliegen der sich aus Zweckmässigkeitsüberlegungen des „Vulgärgriechischen“ bedienenden Theologen waren nicht selten verschieden, ja sogar gegensätzlich.

Wie gesagt, bestehen über Lukaris' Lebenslauf etliche Unklarheiten. Wurde er wirklich, wie meistens angegeben wird, im Jahr 1572 geboren? Laut der Forscherin Keetje Rozemond soll er 1570 geboren worden sein. Dieser Ansicht schloss sich Gunnar Hering in der griechischen Fassung seines grundlegenden Werkes „Ökumenisches Patriarchat und europäische Politik 1620-1638“ an. Wie dem auch sei, der Geburtsort des Lukaris steht fest: Chandaka. Vielleicht war sein Vater Pfarrer. Gunnar Hering schildert die Ausbildung des Lukaris wie folgt: „Nachdem ihm in seiner Heimat einer der bekanntesten Theologen jener Zeit, Meletios Vlastos, elementare Kenntnisse vermittelt hatte, konnte er dank der Fürsorge seines Onkels und Gönners, des Patriarchen von Alexandria Meletios Pegas, in Italien einige Jahre hindurch seine Studien fortsetzen. In Venedig unterwies ihn der berühmte Maximos Margunios in der griechischen, lateinischen und italienischen Sprache und im Glauben, an der Universität Padua zählte Lukaris zu den Schülern Paolo Sarpis und Cesare Cremoninis. Im Jahre 1592 brach er seinen Studienaufenthalt in Italien ab und begab sich bald darauf nach Alexandria, um unter der Leitung und Aufsicht seines Onkels im Patriarchat zu wirken.“

Im Chandaka des 16. Jahrhunderts wies das Schulwesen ein bemerkenswertes Niveau auf. Zwar sind die diesbezüglichen Angaben ausländischer Besucher (z.B. des Deutschen Daniel Ecklin und des Schweizers Peter Villinger) manchmal übertrieben. Doch selbst wenn man daran Abstriche macht, bleibt die Tatsache, dass die Hinwendung zu den humanistischen Studien ein nicht unwesentliches Merkmal der Erziehung darstellte. Hier spielten nicht zuletzt vom Calvinismus beeinflusste Intellektuelle eine Rolle, beispielsweise der italienische Lehrer Francesco Gentile, der kretische Arzt und

Theaterautor Ioannis Kassimatis (ein Neffe von Frangiskos Portos) und der Mediziner Manusos Maras (Sohn des Notars Michail Maras). Die drei erwähnten Intellektuellen wurden 1568 von den Inquisitoren von Chandaka zu Freiheitsstrafen verurteilt. Kassimatis starb 1571, also etwa um das Geburtsjahr Lukaris', im Gefängnis in Venedig. Wie Nikolaos Panagiotakis schreibt, hat jene Angelegenheit vielleicht später den Werdegang des Lukaris beeinflusst.

Die Verfolgung der vom Calvinismus beeinflussten Intellektuellen durch die Inquisitoren von Chandaka illustriert die religiösen Gegensätze im Kreta jener Zeit. Für die griechische Orthodoxie bedeutete die venezianische Herrschaft eine Bedrohung, weil die Machthaber teils mit Unterdrückungsmassnahmen, teils mit Verlockungen die Verbreitung des katholischen Glaubens anstrebten. Der weitaus grösste Teil der Bevölkerung erblickte aber in der Orthodoxie einen wichtigen Teil seiner griechischen Identität. Der Widerstand gegen die fremden Machthaber hatte somit auch eine religiöse Dimension. Die religiöse Überzeugung war vielfach mit dem nationalen Bewusstsein verbunden. Der venezianische Statthalter Francesco Morosini (nicht zu verwechseln mit seinem berühmteren Neffen, der Candia gegen die Türken verteidigte), dessen venezianischer Brunnen Heraklion (Iraklio[n]) schmückt, schrieb 1629 in seinem „Bericht" („Relazione"), dass die Griechen nichts anderes mehr erstreben als die Wahrung ihres Ritus.

Vor dem Hintergrund der Gegensätze zwischen Ost- und Westkirche ist unter anderem die Beeinflussung hervorragender Kreter durch den Calvinismus zu sehen. Diese Beeinflussung war gewiss auch die Folge des Strebens nach einer Erneuerung des östlichen kirchlichen Lebens. Doch sie hing nicht zuletzt mit dem Ziel der Abwehr der katholischen Expansionsbemühungen zusammen. Es mag paradox erscheinen, aber es entspricht der historischen Wahrheit: Die betreffenden Kreter fühlten sich in manchem Fall zugleich als Orthodoxe und „Calvinisten". Unter diesem Gesichtspunkt ist es bezeichnend, dass z.B. der erwähnte Intellektuelle Ioannis Kassimatis im Schrifttum bald als orthodox (so Nikolaos Panagiotakis), bald als protestantisch (so Stylianos Alexiou) bezeichnet wird. Die Annäherung an den Calvinismus war so gesehen auch ein Akt des Widerstands gegen den Glauben der Besatzer Kretas.

Wenn man die Dinge so betrachtet, erkennt man, dass die Kontroverse um die Echtheit des „calvinistischen Bekenntnisses" Lukaris' insofern an Relevanz verliert, als der Schulterschluss des kretischen Klerikers mit den calvinistischen Kräften ohnehin ausser Zweifel steht. Dass dabei, wie gesagt, der Gedanke der Abwehr der „Latinisierungsgefahr" eine erhebliche Rolle gespielt hat, steht jedenfalls fest. Lukaris wurde in der Welt der Traditionen der Ostkirche und seines Volkes gross. Als Meletios Pigas, der Patriarch von Alexandrien, ihn als seinen Exarchen nach Polen schickte, um der Union der orthodoxen Ukrainer mit Rom entgegenzuwirken, versuchte Lukaris seine Aufgabe im Sinne der überlieferten orthodoxen Doktrin zu erfüllen.

Lukaris war sehr lernbegierig. Als Patriarch von Alexandrien (1601 trat er die Nachfolge von Pigas an) machte er sich in hohem Ausmass mit dem Gedankengut westlicher Theologen und Philosophen vertraut. Doch erst seit etwa 1618 sind bei ihm deutliche Zeichen einer gewissen Abweichung von bestimmten Elementen der überlieferten orthodoxen Doktrin festzustellen. Sowohl für die Zeit zuvor als auch für die Epoche danach ist zu berücksichtigen, dass die Grenzen zwischen dem Festhalten an der Tradition und dem Abweichen von ihr fliessend sind. Dies schon deswegen, weil manche reformatorisch klingende Aussage des Lukaris nicht oder jedenfalls nicht leicht von der üblichen Auseinandersetzung der Orthodoxie mit dem Katholizismus getrennt werden kann.

Als Lukaris 1620 in Konstantinopel die höchste Würde der orthodoxen Kirche erreichte, hatte er sicherlich weitgehend gereifte Reformpläne. Der holländische Gesandte in Konstantinopel, Cornelis Haga, vertiefte die Kenntnisse des Lukaris über den Calvinismus. Die Aufnahme calvinistischen

Lehrgutes ins Denken und Handeln des kretischen Theologen stiess auf heftigen Widerstand. Unter anderem intrigierten die Gesandten der katholischen Länder gegen den Patriarchen. Lukaris wurde beim Sultan denunziert. Seine Ermordung ging auf dessen Befehl zurück. Spätere orthodoxe Synoden erklärten das „calvinistische Bekenntnis" als mit dem orthodoxen Glauben unvereinbar.

Es ist hier nicht der Ort für eine detaillierte Darstellung und Würdigung der Persönlichkeit und der Doktrin des Lukaris. Hervorzuheben ist lediglich, dass in seiner Brust sozusagen zwei Herzen schlugen: ein orthodoxes und ein reformatorisches. Nicht von ungefähr sprach er z.B. im selben Atemzug von orthodoxem und evangelischem Glauben. Zugespitzt formuliert: Er war eigentlich ein Traditionalist und ein Reformator zugleich. Gerade wegen dieses Strebens nach einer Verbindung von Tradition und Erneuerung wäre es, wie schon erwähnt, falsch, Kyrillos I. uneingeschränkt als einen „calvinistischen" Patriarchen zu bezeichnen.

Ein zentrales Ziel seines Denkens und Handelns war der Schutz der orthodoxen Kirche vor der „katholischen Gefahr". Hier dachte und handelte der kretische Kleriker als Exponent der Ostkirche und somit auch des Griechentums. Das erklärt, warum es ihm gelang, seinen nicht wenigen Gegnern, die es fertig brachten, ihn in der Periode 1620-1638 fünf Mal vom Patriarchat abzusetzen, immer wieder mit Erfolg Widerstand zu leisten. Obschon er sich durch bemerkenswerten politischen Spürsinn und durch eindrucksvolles diplomatisches Geschick auszeichnete, musste er freilich letzten Endes eine persönliche Niederlage einstecken – eine Niederlage, die zugleich eine solche der reformatorischen Kräfte innerhalb der Orthodoxie war.

Lukaris erinnert an Kardinal Bessarion, obschon er von diesem in vielfacher Hinsicht verschieden war. Bessarion bemühte sich im 15. Jahrhundert um die Vereinigung der Ost- mit der Westkirche. Der orthodoxe Kleriker aus Trapezunt, der 1455 beinahe Papst geworden wäre, war ein glühender hellenischer Patriot und gleichzeitig ein christlicher Europäer. Bessarion war nicht nur Theologe und Humanist, sondern auch Staatsmann. Er warb für den Kreuzzug gegen die Türken. Die Wiedergewinnung der Kaiserstadt am Bosporus war ihm ein seit dem Fall Konstantinopels sein Wirken prägendes politisches Anliegen. Er reiste durch Europa, um die Mächtigen für den Plan der Befreiung des Vaterlandes zu gewinnen. Doch die Mächtigen liessen sich nicht rühren. Die Vision der Wiederaufrichtung von Byzanz ging nicht in Erfüllung. Verbittert starb Bessarion im November 1472 in Ravenna. Auch Lukaris war ein glühender hellenischer Patriot. Doch er setzte nicht, wie Bessarion, auf Rom, sondern auf die antirömischen Kräfte.

Wie gesehen, war die Niederlage Lukaris' auch eine solche der Erneuerungskräfte im Schosse der Orthodoxie. Kyrillos I. schrieb, dass er den „Aberglauben der Griechen" („le superstizioni degli Greci") verabscheue. Er war indes mit den Traditionen seines Volkes eng verbunden. Nicht nur liess er das Neue Testament in die neugriechische Volkssprache übersetzen. Er verfasste viele seiner Schriften in der Volkssprache. Aus einer von ihm gegründeten Druckerei sind wichtige Werke der orthodoxen Literatur hervorgegangen. Diese erreichten breitere Kreise. Lukaris war davon überzeugt, dass das Wort Gottes in einer einfachen, für das Volk verständlichen Sprache gelesen werden soll. „Wenn wir sprechen oder lesen und nicht verstehen, ist es, wie wenn wir unsere Worte in den Wind würfen." Dieses Credo, das das Wirken des Lukaris prägte, zeigt, wie eng der hervorragende Sohn Kretas mit den sogenannt einfachen Volksschichten verbunden war. Das Wort Humanismus wird nicht selten einem antikisierenden Formalismus gleichgesetzt, der letztlich das Menschliche vermissen lässt. Bei Lukaris ist das nicht der Fall. Sein Bekenntnis zur griechischen Volkssprache strahlt echt menschliche Wärme aus.

Kretische „Renaissance“

Während der osmanischen Herrschaft (1453-1821) hemmte das fremde Joch auf dem griechischen Festland das kulturelle Leben in vielfacher Hinsicht. Das betraf vor allem die Kunstdichtung, während das Volkslied, das Dimotiko Tragudi, eine wahre Blüte erlebte. Im Volkslied (im demotischen Lied), das durch die Anonymität seines Schöpfers gekennzeichnet ist, sind, wie schon in der byzantinischen Periode (nach der konventionellen Periodisierung: 395 n.Chr.-1453), Dichtung und Musik, oft auch der Tanz, eng miteinander verbunden. Goethe schrieb seinerzeit, dass die griechischen Volkslieder „das Köstlichste in dem Sinn der lyrisch-dramatisch-epischen Poesie“ seien, „was wir kennen“. Anders als auf dem Festland, erlangte die Kunstdichtung auf den Inseln Rhodos, Zypern und Kreta einen eindrucksvollen Höhepunkt, der von griechischen und zum Teil auch ausländischen Literaturhistorikern als eine wahre Renaissance betrachtet wird.

Die genannten Inseln wurden von den Türken nicht gleich nach dem Fall Konstantinopels erobert, sondern erst nach einer Periode westlicher („fränkischer“) Herrschaft. Die „fränkische“ Herrschaft dauerte auf Rhodos von 1097 bis 1522, auf Zypern von 1192 bis 1571 und auf Kreta von 1204 bis 1669. Die Grenzen dieser Periodisierung sind freilich in mancher Hinsicht fliessend. So gerieten z.B. bestimmte venezianische Festungen auf Kreta erst nach 1669 in die Hände der Türken. Mehr als vier Jahrhunderte lebten die Kreter also unter den Venezianern (mit einem kleinen Intermezzo: der Herrschaft der Genueser von 1206 bis Anfang 1211). Da die venezianische Herrschaft anfänglich (1204-1206) sozusagen nur theoretisch war (die Venezianer kümmerten sich damals wegen anderer Ambitionen wenig um die faktische Ausübung ihrer Herrschaft auf der Insel), werden für die venezianische Periode auf Kreta nicht selten folgende Daten angegeben: 1211-1669.

Die Verschiedenheit der Entwicklungen auf dem Festland einerseits und auf dem venezianisch dominierten Kreta andererseits kann nicht genug betont werden. Mancher Ausländer, aber auch mancher festländische Grieche zieht, wenn von den Geschehnissen in den Jahrhunderten nach der Eroberung von Konstantinopel die Rede ist, nicht oder jedenfalls nicht ausreichend in Betracht, dass Kreta unter den Venezianern eine Entwicklung durchmachte, die sich beispielsweise von derjenigen Thessaliens oder Nordgriechenlands stark unterschied. Die Venezianerherrschaft prägte das Leben der Kreter. Sie trug weitgehend zur Bildung jener kretischen Eigenart bei, auf die sich (nicht selten freilich in übertriebener Form) mancher Kreter beruft. Gewiss, die Kreter empfanden die Venezianer als fremde Eroberer und Unterdrücker. Doch die Herrschaft Venedigs war eine andere als diejenige des Sultans. Unter den Venezianern kam es zu einer Begegnung zweier Kulturen, der byzantinischen und der westlichen – einer Begegnung, ohne welche die erwähnte „Renaissance" undenkbar gewesen wäre. Die „Renaissance" betraf, wie gesagt, die Literatur, aber auch die Malerei (ich verweise auf die Ausführungen über El Greco), ja sie erfasste das gesamte geistige Leben der Insel.

In den kretischen Literaturzeugnissen aus der venezianischen Zeit lässt sich unter anderem der organische Übergang von der Volks- zur Kunstdichtung plastisch feststellen. Bei der sogenannten „Rimada einer Tochter und eines jungen Mannes", einem Werk, das vielleicht dem Dichter Marinos Falieros (Marin Falier) (1395?-1474) zu verdanken ist, überwiegen noch die volkstümlichen Elemente. Die künstlerische Verarbeitung des Stoffes ist zwar offensichtlich, aber nicht in jeder Hinsicht befriedigend. Beim Meisterwerk der kretischen Literatur hingegen, beim nach vorherrschender Ansicht im 17. Jahrhundert entstandenen „Erotokritos" von Vitsentzos Kornaros, in dessen über zehntausend Versen das wechselvolle Schicksal eines Liebespaares geschildert wird, erreicht die griechische Kunstdichtung eine lyrische Potenz ersten Ranges. Hier zeigt sich, dass Kreta in jener Zeit ein kulturelles Niveau erlangte, das von anderen Inseln schon deshalb nicht erreicht werden konnte, weil diese früher in osmanische Hände gerieten. Auf Rhodos hinterliess der Reimchronist Emmanouil Georgil[l]as Verse von geringem Wert.

Der „Erotokritos" steht in einer kretischen Tradition, die auf das 14. bzw. 15. Jahrhundert zurückführt, so z.B. nicht nur auf den erwähnten Marinos (Maris) Falieros, sondern auch auf Stefanos Sachlikis und Linardos (Leonardos) Dellaportas (Sachlikis soll „Feudalherr" oder Grossgrundbesitzer gewesen sein, Dellaportas sich u.a. als Anwalt in Chandaka und als Diplomat Venedigs betätigt haben). Die betreffende Forschung – und somit auch die Chronologie – befindet sich allerdings noch im Fluss. Wie sich versteht, muss darüber hinaus mancher Zusammenhang zwischen dem Kulturleben der erwähnten Jahrhunderte und demjenigen der vorausgegangenen Zeiten bestanden haben. Über die Kunstdichtung in den ersten Jahrhunderten der venezianischen Herrschaft auf Kreta wissen wir zwar nicht viel. Doch nicht zu Unrecht wird angenommen, dass z.B. dieser oder jener Ritterroman möglicherweise im kretischen Raum entstanden ist. Für diese Annahme spricht schon der Umstand, dass zu jener Zeit der kretische Dialekt noch nicht zur Schriftsprache erhoben worden war.

Noch lange Zeit nach der Etablierung der Venezianerherrschaft auf der Insel waren „Byzanz" und „kretische Schule" eng miteinander verknüpft. Insofern mutet die Kontroverse scholastisch an, ob und bis wann sich das literarische Mittelalter auch nach dem Fall Konstantinopels hingezogen habe. Angesichts der langen Symbiose von „Byzanz" und „kretischer Schule" ist es unangebracht, einseitig vom „mittelalterlichen" oder vom „Renaissance"-Charakter der betreffenden Literatur zu sprechen. Der kretische Archäologe Stylianos Alexiou, der sich auch auf dem Gebiet der Geschichte der mittelalterlichen und neueren Literatur seiner Heimatinsel hervorgetan hat, betont zwar den „Renaissance"-Charakter der kretischen Literatur zu stark. Er muss indes einräumen, dass mehrere kretische Dichter des 15. Jahrhunderts (Georgios Choumnos, der „Apokopos"-Verfasser Bergadis [Bragadin] und Ioannis Pikatoros) in ihren Werken ungefähr die geistige Haltung „des mittelalterlichen Menschen der letzten Periode einnehmen" (Gedanke des Todes, Problem der moralischen Rettung).

Beim „Apokopos" des Bergadis (sein Vorname ist nicht bekannt) handelt es sich um ein Gedicht, das erstmals 1519 in Venedig gedruckt wurde. Sein Titel klingt selbst im Griechischen sonderbar. Laut Stylianos Alexiou rührt er vom ersten Vers des Werkes her, in dem es heisst, dass der Erzähler „apo kopou" (aus Müdigkeit) einschlief. Es liegen aber auch andere Deutungen des Titels vor. Unklarheiten bestehen über die Ideenwelt des Schöpfers des „Apokopos", zumal die Echtheit bestimmter Stellen des Gedichts bezweifelt wird. Unter dem hier interessierenden Gesichtspunkt ist vor allem die Frage von Bedeutung, ob der von bestimmten Forschern als „antiklerikal" qualifizierte Bergadis, dessen Erzähler im Traum in die Unterwelt (in den Hades) gerät und mit der Sehnsucht der Toten nach dem Leben konfrontiert wird, sein Werk in moralisch-theologischer Intention verfasste oder nicht. Diese Frage lässt sich schon wegen der erwähnten Unklarheiten über die Echtheit bestimmter Stellen des Gedichts nicht eindeutig beantworten. Es wäre jedenfalls falsch, wenn man die Lebensfreude, die im „Apokopos" zum Ausdruck kommt, von vornherein gleichsam als „antibyzantinisch" deutete.

Wie Hans-Georg Beck im Vorwort seines Buches „Das byzantinische Jahrtausend" zutreffend bemerkt, lebte der Byzantiner durchschnittlichen spezifischen Gewichts wohl kaum jahraus jahrein so hochgestimmt, wie man es ihm gern unterstellt. Vielleicht war er auch „wesentlich ‚weltlicher', als angenommen wird". Damit ist auch gesagt, dass Bergadis' Äusserungen über Byzanz nicht eindimensional gedeutet werden dürfen. Bestimmte Verse des Gedichts lesen sich wie eine Geisselung der Doppelzüngigkeit Konstantinopels, andere aber wie eine Hymne auf Byzanz. Jedenfalls konzediert selbst Alexiou, der die kritische Einstellung Bergadis' gegenüber Konstantinopel überbetont, dass der „Apokopos" byzantinische und westliche Elemente aufweist. Auch bei Sachlikis oder bei der nach vorherrschender Ansicht kretischen Nacherzählung der Fabel vom Esel, Wolf und Fuchs (Vorbild: das spätbyzantinische „Synaxarion des geehrten Esels") stellt Alexiou eine im Mittelalter nicht unbekannte (satirische) Haltung fest.

Wie ich in meinem Werk „Die neugriechische Literatur – Homers Erbe als Bürde und Chance" betone, ist das Etikettieren mit Verabsolutierungen der Art „Mittelalter" oder „Renaissance" abzulehnen. Wohin dieses Etikettieren führt, zeigen nicht wenige Ungereimtheiten im Schrifttum. Der Literaturhistoriker Linos Politis behandelt Choumnos, Bergadis und Pikatoros unter der Überschrift „Dichtung und Renaissance" auf Kreta, obschon er z.B. einräumt, dass Choumnos „noch der Welt des Mittelalters angehört". Mario Vitti wiederum, ein anderer Literaturhistoriker, den Stylianos Alexiou gleichsam als Verbündeten (d.h. als einen Vertreter der „Renaissance"-These) anführt, betont, dass selbst hinsichtlich der Literatur des 17. Jahrhunderts der Ausdruck „Renaissance" nur mit Vorsicht verwendet werden dürfe, weil die überwältigende Woge der italienischen Renaissance die griechischen Inseln erst in einer fortgeschrittenen Phase erreicht habe, in der der erste Schwung bereits etwas abgeflaut sei und sich die eigentliche Renaissance-Bewegung der Offensive der Gegenreform angepasst habe. Über den ästhetischen Wert dieses oder jenes Werkes der kretischen Literatur sagt das erwähnte Etikettieren im übrigen nicht viel aus. Ob Sachlikis' Lehrgedicht (seine Ratschläge an einen jungen Freund) bzw. Bergadis' Traum von der Reise in den Hades „mittelalterlich" anmutet oder nicht, es steht fest, dass die betreffenden Werke von bemerkenswerter Qualität sind. Jedenfalls übertreffen sie nicht nur andere Werke der kretischen Literatur jener Zeit, sondern auch manche nichtkretische literarische Schöpfungen, so z.B. diejenigen des Tzane Ventramos aus Nauplion, des Markos Defaranas aus Zante (Zakynthos) und des Iakovos Trivolis aus Korfu (Kerkyra).

Die Bezeichnung „kretische Renaissance“ wird im Schrifttum vor allem im Zusammenhang mit dem bereits erwähnten „Erotokritos“ verwendet, vom dem im nächsten Abschnitt eingehender die Rede sein wird. Sowohl beim „Erotokritos“ als auch bei anderen kretischen Schöpfungen aus jener Zeit sind die westlichen Einflüsse unverkennbar. Die Werke der „kretischen Renaissance“ aber stellen meistens keine blinden Imitationen ausländischer Vorbilder dar, sondern schöpferische Leistungen, welche selbst dort, wo sie formal gesehen zur epischen oder dramatischen Dichtung gezählt werden müssen, eine eigene, recht eindrucksvolle lyrische Atmosphäre vermitteln. Es ist daher nicht erstaunlich, dass die wunderbare Volkssprache des „Erotokritos“ während der Türkenzeit auf viele Griechen des Festlands, der Ionischen Inseln und der Diaspora eine Ausstrahlungskraft auszuüben und nach der Befreiung die verschiedenartigsten Lyriker Griechenlands zu beeindrucken vermochten.

Auf dem von den Venezianern beherrschten Kreta lebte – weitgehend unter italienischem Einfluss – das Theater wieder auf. Auch im Zusammenhang damit ist oft von „Renaissance“ die Rede. Erwähnt seien vor allem die Werke des begabten Dramatikers Georgios Chortatsis (Chortatzis, Chortakis), über dessen Person und Lebensdaten manche Unklarheit besteht. Stammte der in Rethymnon Geborene von einer alten byzantinischen Familie ab? Gehörte er der „gehobenen bürgerlichen Klasse“ an? Nach der vorherrschenden Ansicht lebte und wirkte er im 16. und 17. Jahrhundert. Chortatsis’ Meisterwerk ist die Tragödie „Erofili“, als deren Vorbild das Schauerstück „Orbecche“ Giambattista Giraldis (1504-1573) gilt. In dieser Tragödie heiratet Erofili, die Protagonistin des Stücks, heimlich den Heerführer Panaretos. König Philogonos (Filogonos), der Vater Erofilis, erfährt dies und tötet Panaretos. Erofili nimmt sich das Leben, und die Mädchen ihres Gefolges töten den unmenschlichen König. Chortatsis verfasste auch das Schäferdrama „Panoria“

(früher unter dem Namen „Gyparis“ bekannt), das einerseits zur bukolischen Dichtung gehört, andererseits in der Tradition der italienischen tragicommedie pastorali zu stehen scheint. In der „Panoria“, der laut Linos Politis das Werk „La Calisto“ Luigi Grotos (1541-1585) als Vorbild gedient haben soll, wird die tiefe Liebe geschildert, welche zwei Hirten zu zwei Hirtinnen hegen.

Chortatsis schrieb auch die Komödie „Katzourbos“ („Katsourbos“, „Katzaropos“), bei deren Aufbautechnik sich ebenfalls italienische Einflüsse bemerkbar machen. Atmosphärisch stehen dem „Katzourbos“ die Komödien „Stathis“ und „Fortounatos“ nahe. Jene soll laut bestimmten Forschern von Chortatsis verfasst worden sein, diese ist ein Werk von Markos Antonios Foskolos (Marco Antonio Foscolo). Die Komödien „Katzourbos“, „Stathis“ und „Fortounatos“ haben das Wiederfinden der verlorenen Kinder zum Thema – ein in jener Epoche beliebtes Motiv. Erwähnt seien schliesslich die auf dem Trauerspiel „Il Re Torrismondo“ von Torquato Tasso beruhende Tragödie „Rodolinos“ (17. Jahrhundert) des Ioannis Andreas Troilos und das Werk „Zenon“ (17. Jahrhundert) eines unbekannten Verfassers, der sich ziemlich strikt an sein Vorbild aus dem Bereich des seinerzeitigen jesuitischen Erziehungstheaters hält. Ob „Zenon“ ein kretisches Werk ist, wird allerdings bezweifelt.

Die kretische Literatur der Zeit der Venezianerherrschaft stellt ohne Zweifel einen Höhepunkt der griechischen Kulturgeschichte dar. Für die „Wiedergeburt“ des Griechentums waren die betreffenden Leistungen von grosser Bedeutung. Insofern kann man von „Renaissance“ sprechen. Und es ist auch nicht zu leugnen, dass in der zweiten Hälfte des 16. Jahrhunderts und noch mehr im 17. Jahrhundert in der kretischen Literatur Renaissance-Elemente anzutreffen sind, die vor allem an die entsprechende Kulturepoche in Italien erinnern. Wie dargelegt, darf indessen der „Renaissance“-Charakter der betreffenden Literaturzeugnisse nicht überbetont werden. Werke wie „Erotokritos“ oder „Erofili“ sind in gewissem Sinn Ausdruck einer griechischen Renaissance

– jener „Wiedergeburt", die David Holden vermisst, wenn er im Zusammenhang mit dem „Griechenland ohne Säulen" von „lost Renaissance" spricht. Andererseits darf nicht übersehen werden, dass das Land der Griechen, gesamthaft betrachtet, durch die Osmanenherrschaft gleichsam seiner Renaissance beraubt worden ist.

Auch die Venezianerherrschaft auf Kreta war eine fremde Okkupation, unter welcher vor allem die Landbevölkerung zu leiden hatte. Die städtische Gesellschaftsschicht der Insel war dünn und provinziell. Das „Bürgertum" war mit dem (echten und unechten) „Adel" verbunden und verbündet. Die Intelligenz rekrutierte sich zum Teil aus der Schicht der „nobili cretensi". Die „Renaissance" kam verspätet und in langsamen Schritten. Eine offene Auflehnung gegen das Mittelalter ist in der kretischen Literatur kaum festzustellen. Die byzantinische Überlieferung lebt bis zum Ende der Venezianerherrschaft fort. Die klassizistischen Elemente sind vorhanden, dürfen aber nicht überbewertet werden, zumal sie Kreta mittels italienischer Einflüsse erreichen. Oft kommt es zu einer Synthese zwischen byzantinischer Tradition und Erneuerungstendenzen, was sich im übrigen auch in der bildenden Kunst beobachten lässt. Das literarische Geschehen ist nicht von demjenigen in der Malerei (etwa von der kretischen Periode des Dominikos Theotokopoulos) oder in der Architektur zu trennen.

Im übrigen besteht über die sozioökonomische Struktur vom damaligen Kreta noch manche Unklarheit. Deswegen sind Ausführungen über das kretische „Bürgertum" mit Vorsicht zu geniessen. Ohne Zweifel weist schon die Produktion bedeutender Theaterwerke während des 16. und 17. Jahrhunderts darauf hin, dass die damalige kretische Gesellschaft sozioökonomisch gesehen ein höheres Niveau erreichte als andere Regionen Griechenlands. Doch dies bedeutet nicht, dass man ohne Einschränkungen und Vorbehalte von einer weitgehenden Verbürgerlichung sprechen darf. Auf der einen Seite gibt es Belege, z.B. notarielle Urkunden, in denen wir Angaben über erstaunlich reiche Familien begegnen.

Dieser Reichtum stammte nicht zuletzt aus dem regen Seehandel im Mittelmeer. Auf der anderen Seite steht ausser Zweifel, dass die Bauern, die den weitaus überwiegenden Teil der Bevölkerung ausmachten, ein elendes Leben führen mussten. Dies geht u.a. aus offiziellen venezianischen Berichten hervor. Manchmal kam es sogar vor, dass arme Kreter wegen ihres schweren Loses ihre Heimatinsel verliessen und in türkisch besetzten Gebieten Zuflucht suchten! Die sogenannte bürgerliche Schicht bildete sicherlich eine sehr kleine Minderheit. Im Schrifttum wird dies nicht selten übersehen. In griechischsprachigen Veröffentlichungen werden dabei in manchem Fall die Begriffe Bürgertum und städtische Bevölkerung (cittadini) verwechselt, zumal das Wort astos im Griechischen beides bedeutet. Auch bezüglich des venezianischen „Feudalsystems" sind Differenzierungen notwendig. Es gab auf Kreta zwar Degenerationserscheinungen der betreffenden Herrschaftsordnung. Doch von einer Auflösung derselben im eigentlichen Sinne des Wortes kann nicht die Rede sein.

Die unbestreitbar volkstümlichen Merkmale vieler kretischer Literaturwerke der Zeit der Venezianerherrschaft sprechen ebenfalls gegen den gelegentlich behaupteten „rein bürgerlichen" Charakter dieser Dichtung. Nicht zuletzt die Volksnähe der Sprache warnt uns davor, die literarischen Schöpfungen jener Zeit in ein derart enges Deutungsschema hineinpressen zu wollen. Wäre der „Erotokritos" schlicht und einfach das Produkt der „bürgerlichen Kultur" des von den Venezianern beherrschten Kreta gewesen, so hätte er niemals die Potenz eines Volksgedichtes (und zwar auch auf dem von den Türken besetzten Festland) erlangt. Die Volksnähe der Sprache ist ein eindrucksvolles Zeichen dafür, dass die kretische Bevölkerung die venezianischen Besatzer kulturell weitgehend assimilierte. Nach der zutreffenden Feststellung von Nikolaos M. Panagiotakis bezeichneten sich damals Menschen mit italienischem Familiennamen als Griechen (Graikoi). Der Typus dieses „homo Graecus", der zwar katholisch ist, sich aber trotz aller Verbundenheit mit

Venedig als hellenischer Kreter fühlt, bildet keine Seltenheit. Unter dem Gesichtspunkt dieses Selbstverständnisses ist es daher, wenn überhaupt, wenig relevant, ob z.B. Falieros, Bergadis und Pikatoros venezianischer Abstammung waren.

Auch in anderen Beziehungen ist die kretische Dichtung nicht monokausal zu deuten. So besteht ein enger Zusammenhang zwischen dem Kreta der Zeit um das Jahr 1600 und dem Griechentum der Diaspora bzw. den hervorragenden Klerikern Margunios, Pigas und Lukaris. Mit in Betracht zu ziehen sind ferner die Bestrebungen der Kirchenrhetoriker um Popularisierung ihrer Predigten. Andererseits müssen hinsichtlich des „religiösen Humanismus" die in einem anderen Zusammenhang gemachten Relativierungen in Erinnerung gerufen werden. Relativierungen sind auch bezüglich der „aufklärerischen" Strömungen innerhalb des Diaspora-Hellenentums angebracht. Den nicht zu unterschätzenden Erneuerungsbestrebungen waren Grenzen gesetzt. Lobte der hervorragende katholische Gelehrte Leon Allatios (Alacci) (1586-1669) die „Erofili" wegen ihrer Sprache, so hatte man in den fanariotischen Kreisen für die kretische Dichtung im allgemeinen nicht viel übrig.

Die Fanarioten waren Angehörige jener Gesellschaftsschicht, die sich ihre Häuser im Konstantinopler Stadtviertel Fanar bauen liessen, wo sich auch der Sitz des Ökumenischen Patriarchen befand. Von diesem Stadtviertel stammt denn auch die Bezeichnung Fanarioten. Die betreffende Gesellschaftsschicht begann sich etwa zu Anfang des 17. Jahrhunderts zu formieren. Die Fanarioten verstanden sich als „Archonten" (sozusagen als Führungsschicht) des Griechenvolkes. Selbst der Aufklärer Adamantios Korais (1748-1833), ein hervorragender Intellektueller des Diaspora-Griechentums, sprach später, wie wir noch sehen werden, abschätzig über den „Erotokritos".

Die Blüte der Literatur auf dem von den Venezianern beherrschten Kreta ist alles in allem ein hochinteressantes, aber auch komplexes Phänomen, das noch in mancher Hinsicht der sorgfältigen Untersuchung bedarf. Eine eindimensionale Betrachtungsweise dieses Phänomens würde dem hohen ästhetischen Wert der kretischen Literaturwerke jener Epoche nicht gerecht – jener Schöpfungen, die auch nach dem von Marinos Tzane[s] Bounialis in einer Verschronik (Venedig 1681) geschilderten „kretischen Krieg“ und dem Fall der Insel in die Hände der Osmanen (1669) bis heute ihre Aussagekraft bewahrt haben.

Vitsentzos Kornaros und sein „Erotokritos“

Wenn von „kretischer Renaissance“ die Rede ist, so wird, wie gesagt, vor allem an den „Erotokritos“ von Vitsentzos (Vitzentzos) Kornaros gedacht. Dieses Meisterwerk der kretischen Literatur gilt mit Recht zugleich als ein solches des griechischen literarischen Schaffens überhaupt. Ist der „Erotokritos“ ein Epos oder ein Versroman? Die Frage ist mehr formal-terminologischer Natur. Im Gedicht wird die leidenschaftliche Liebe geschildert, die Erotokritos und Aretousa (Aretusa) zueinander hegen. Das Liebesmotiv wird dabei mit Verherrlichung von Tugend und Tapferkeit verbunden. Die Verherrlichung kommt schon in der sorgfältigen Wahl der Namen der Personen zum Ausdruck. So hat z.B. der Name Aretousa etymologisch mit Areti (Arete) (Tugend) zu tun. Aretousa ist die einzige Tochter des hellenischen „Königs von Athen“, Iraklis. Der Name des Königs ist eine Anspielung auf den ruhmreichen Herakles oder nach bestimmten Forschern auf den byzantinischen Kaiser Herakleios. Erotokritos’ Vater dient König Iraklis als Ratgeber. Nach vielen Abenteuern und Schicksalsschlägen überwindet die Liebe der beiden jungen Leute die durch die Standesunterschiede gegebenen Hindernisse.

Der Dichter hat die Handlung in die Antike bzw. nach Athen verlegt. Doch Zeit und Ort muten weitgehend gewollt „unwirklich" an. Die Anachronismen, denen wir im Gedicht begegnen und die manchen streng historisch denkenden Philologen irritieren, vermitteln eine Welt, die, so sonderbar es auch klingen mag, mythisch und realistisch zugleich ist. Zu diesem Zweck verbindet Kornaros das alte Athen mit dem Makedonien Alexanders des Grossen, Byzanz mit dem „fränkischen" Westen, die Vergangenheit mit der Gegenwart. Er lässt den tapferen Kreter Charidimos (Charidemos) den fürchterlichen Karamanitis töten, der nach gewissen Interpreten „den Türken" symbolisiert. Der Name Karamanitis erinnert an den Caramano im ritterlichen Epos „L'Orlando Innamorato" des Italieners Matteo Maria Bojardo (Boiardo) (1440-1494). Trotz dieser Heterogenität ist Kornaros' Welt nach dem richtigen Urteil von Konstantinos Th. Dimaras und von Stylianos Alexiou diejenige des griechischen Ostens. Dies hängt nicht zuletzt mit der Sprache des Gedichts zusammen, deren Volksnähe bereits erwähnt worden ist und von der weiter unten eingehender die Rede sein wird.

Inhaltlich ist der „Erotokritos", was die Hauptlinie des Verlaufs der Handlung betrifft, nicht sehr originell. Im Schrifttum wird die These vertreten, dem Werk liege der französische mittelalterliche Roman „Paris et Vienne" von Pierre de la Cypède zugrunde, den der kretische Dichter eher in italienischer Übersetzung bzw. Umarbeitung gekannt haben müsse. In der Forschung werden auch andere Vorbilder in Betracht gezogen, so z.B. der Einfluss des Epos „L'Orlando Furioso" („Der rasende Roland") des italienischen Dichters Ludovico Ariosto (1474-1533). Im Bestreben, das verabsolutierende Schema der „Renaissance auf Kreta" zu untermauern, spricht der Literaturhistoriker Linos Politis in diesem Zusammenhang davon, dass der Erotokritos des Kornaros in der Welt der Renaissance gelebt habe. Die Grundlage der Handlung stamme zwar von Pierre de la Cypède, der Geist aber sei derjenige von Ariosto. Was die „Atmosphäre" anbelangt, trifft das bis zu einem gewissen Grade zu. Es wäre aber falsch, wenn man verkennte, dass Kornaros' Welt auch ritterliche Elemente enthält – und zwar solche Elemente, die mit dem Geist einer nicht mehr vom Adel, sondern in verstärktem Masse auch vom Bürgertum getragenen städtischen Kultur nicht zu vereinbaren sind.

Wie gesagt, ist Kornaros' Welt diejenige des griechischen Ostens – die Welt, die auf den Inseln durch die Begegnung der hellenischen und der westlichen Kultur entstanden ist. Dabei hat der Dichter das Fremde assimiliert und dem hellenischen Geschmack angepasst. Hier drängt sich die Frage auf: Wer war eigentlich Vitsentzos Kornaros? Stammte er von gräzisierten Venezianern auf Kreta ab? War er ein „autochthoner" Kreter? In seinem reizvollen Epilog macht er ganz wenige autobiographische Angaben. Er erwähnt seinen Vor- und Familiennamen sowie seinen Geburtsort Sitia (Siteia) (Ostkreta). Dort sei er aufgewachsen, dort habe er sein Gedicht geschrieben. In Kastron (Iraklion) habe er geheiratet. Die Thesen und Hypothesen über seine Person und seine Lebensdaten (insbesondere auch über die Datierung des „Erotokritos") wollen nicht enden. Viele Forscher schreiben Kornaros auch das – je nach Auffassung bzw. Terminologie – „Mysterienspiel" oder „religiöse Drama" „Das Opfer Abrahams" zu. Es wird die Auffassung vertreten, dass dieses Werk vor dem „Erotokritos" geschrieben worden sei. Als Vorbild habe Kornaros das Werk „Lo Isach" des Luigi Groto gedient.

Wie dem auch sei, es fällt auf, dass sich die Sprache des „Opfers Abrahams" von derjenigen des „Erotokritos" in bestimmten Punkten unterscheidet. Diejenigen, die das „Opfer Abrahams" Kornaros zuschreiben, führen diese Unterschiede (z.B. bestimmte Archaismen) darauf zurück, dass das „Mysterienspiel" vor dem „Erotokritos" entstanden sei. Andererseits fehlen auch nicht die stilistischen Ähnlichkeiten zwischen den beiden Werken. Grotos Stil gemahnt an den sogenannten Marinismus, eine Richtung der Barockdichtung. Der Marinismus geht auf den Dichter Giambattista Marino (Marini) (1569-1625) zurück, der besonders gesuchten sprachlichen Wendungen und metaphorisch überladenen Ausdrücken den Vorzug gab. In der Form hebt sich das „Opfer Abrahams" hingegen vor allem dank der Rücksichtnahme auf das Empfinden des griechischen Volkes vom italienischen Barock und insbesondere vom Marinismus ab. Der Verfasser des „Opfers Abrahams" hat es verstanden, unter anderem durch Passagen, die an die „M[o]irologi" (Klagelied)-Volksdichtung anknüpfen, aus seinem Werk ein jenseits der religiösen Thematik liegendes allgemeinmenschliches Zeugnis zu machen. Durch seine Eigenart bestätigt das „Opfer Abrahams" übrigens die Erkenntnis, dass, wie Georg Veloudis richtig bemerkt, das Schema einer reinen Renaissance nicht genügt, um das kretische Theater zu erklären. Hier machen sich verschieden Faktoren (Renaissance-, aber auch Barockelemente, griechische Volkstradition, insulare, insbesondere kretische „Atmosphäre", Eigenart des betreffenden Dichters u.a.) bemerkbar, die nicht auf einen Nenner gebracht werden dürfen.

Laut Stylianos Alexiou, der sich u.a. auf die Ergebnisse der diesbezüglichen Forschungsarbeiten des Nikolaos M. Panagiotakis stützt, stammte der Schöpfer des „Erotokritos" aus einer gräzisierten venezianischen Adelsfamilie. Der Dichter Vicenzo Cornaro wurde gemäss Alexiou 1553 in Trapezonta bei Sitia geboren, heiratete in Kastro[n] und starb 1613. Alexiou macht noch folgende biographische Angaben über den Dichter: Dessen Bruder Andreas war ein bekannter Feudalherr. Ein Gedicht mit dem Autorennamen Vicenzo Cornaro, das dem italienischen Dichter Giambattista Basile (1575-1632), dem „Pentamerone"-Schöpfer, gewidmet war, wurde 1609 und 1613 in Italien in einem Buch Basiles veröffentlicht. Basile, der einige Jahre auf Kreta lebte und dort die Brüder Andreas und Vitsentzos kennenlernte, pries sie in Versen als „Dioskuren am Himmel Kretas". In seinem 1611 verfassten Testament hinterliess Andreas seinem Bruder Vicenzo dreissig Bücher aus seiner Biliothek.

Alexiou meint, dass der „Erotokritos“ „wahrscheinlich um 1610“ vollendet worden sei. Andere schätzen, dass das Werk um das Jahr 1605 geschrieben worden sein müsse. Linos Politis findet, dass die sich auf das Testament des Andreas Kornaros stützende Biographie des Vitsentzos Kornaros mit anderen chronologischen Angaben unvereinbar sei. Laut Politis ist also der Vicenzo Cornaro des Testaments mit dem Schöpfer des „Erotokritos“ nicht identisch. Der „Erotokritos“ müsse nach 1635, aber vor 1645 oder jedenfalls vor 1648 entstanden sein. Derselbe Literaturhistoriker vermutet, dass Kornaros sein Gedicht umgearbeitet habe. Auf eine solche Umarbeitung gehe die Episode mit Karamanitis zurück, die klar auf den Gegensatz zwischen Griechen und Türken hinweise. Diese Episode müsse nach Beginn des türkisch-venezianischen Krieges (1645) in Kastro eingefügt worden sein. Nach der Zerstörung seiner Heimatstadt Sitia habe Kornaros in Kastro Zuflucht gesucht.

Politis beruft sich unter anderem auf den kretischen Gelehrten Stefanos A. Xanthoudidis (1864-1928), dem wir eine kritische Edition des „Erotokritos“ (Iraklion 1915) verdanken. Xanthoudidis und der ihm folgende Politis meinen, es sei gänzlich unwahrscheinlich, dass ein Nichtgrieche den „Erotokritos“, ein Gedicht mit echt hellenischem Gefühl, geschrieben habe. Dieses Argument ist allerdings wenig überzeugend. Nicht nur wegen der Umfunktionierung des „Erotokritos“ in ein „patriotisches“ Gedicht, sondern auch wegen des recht bedenklichen Abstellens auf das „Blut“ des Verfassers. Es ist nicht auszuschliessen, dass es Kornaroi (Mehrzahl von Kornaros) gab, die nicht von Venezianern abstammten. Wer aber und auf Grund welcher Belege will mit Sicherheit entscheiden, diese Kornaros-Familie sei „autochthon“ und jene nicht? Es gab Vermischungen, Übernahmen von Namen und oft unentwirrbare Verflechtungen. Vor allem aber: Nicht das Blut, sondern die Gesinnung ist entscheidend. Diejenigen, die im Verfasser des „Erotokritos“ einen aus Venedig stammenden Dichter vermuten, betonen dessen Gräzisierung. Xanthoudidis selber schrieb zwar, dass es sich beim Autor des „Erotokritos" eher um einen aus Sitia stammenden Griechen Kornaros handle, fügte indes hinzu: „Oder um einen entfernt von Venezianern abstammenden und vollständig hellenisierten" Kornaros.

Von Andreas Kornaros wird berichtet, dass er im Dorf Thrapsano einen Landsitz gehabt habe. Das Dorf liegt im Südosten von Iraklio, in der Gegend von Kastelli Pediadas. Der kretische Mönch Agapios Landos, ein hervorragender griechisch-orthodoxer Gelehrter, schrieb in seinem 1641 in Venedig erschienenen Werk „Rettung der Sündigen" („Amartolon Sotiria"), dass er während zwei Jahren Sekretär des Andreas Kornaros gewesen sei. Das Dorf Thrapsano sei im Besitz von Kornaros gewesen. Agapios Landos beschreibt Andreas Kornaros als einen eminenten und hochgebildeten Gutsherrn. Er sei nicht nur des Italienischen, sondern auch des Griechischen kundig gewesen. Er habe Gedichte geschrieben. In Thrapsano, das heute noch eines der bekanntesten Töpferdörfer der Insel ist, befassten sich viele Einwohner schon damals mit der Töpferei. Agapios Landos schrieb in seinem erwähnten Werk, dass die meisten Bewohner von Thrapsano Töpfer (wörtlich: tzoukalades) seien. Xanthoudidis zitiert zwar die Aussage des Agapios Landos über die Gelehrsamkeit Andreas Kornaros', beharrt jedoch auf der Auffassung, dass der Schöpfer des „Erotokritos" ein Grieche oder jedenfalls ein schon seit langem assimilierter Venezianer gewesen sein müsse. Laut bestimmten Forschern stammte Andreas Kornaros indes aus derselben Familie wie ein Nikolaos Kornaros, dem wir bereits im Kreta der ersten Hälfte des 15. Jahrhunderts begegnen.

Jannis K. Mavromatis, ein guter Kenner der Entstehungsgeschichte des „Erotokritos", vertritt mit Entschiedenheit die Ansicht, dass Kornaros beim Verfassen seines Werkes eine der seit 1543 erfolgten gedruckten Ausgaben der italienischen Prosa-Umarbeitung des mittelalterlichen Romans „Paris et Vienne" vor Augen gehabt habe. Mavromatis macht folgende biographische Angaben über Kornaros: Er wurde am 26. März 1556 in Trapezonta bei Sitia geboren. Sein Vater hiess Iakovos. Die Familie war vermögend. Vitsentzos hielt sich etwa 35 Jahre in Sitia auf. Nach dem 20. März 1585 liess er sich in Chandaka bei seinen Brüdern Ioannis Frangiskos und Andreas nieder. Am 8. September 1590 heiratete er Marietta Zeno. Der Ehe entsprangen zwei Töchter (Katerini und Eleni). Er bekleidete wichtige Ämter. Auch nach seiner Niederlassung in Chandaka besuchte er Sitia immer wieder. Er war Mitglied der Akademie der Stravaganti in Chandaka, einer von seinem Bruder Andreas gegründeten wichtigen Kulturinstitution. Er starb in Chandaka nach dem 12. August 1613 und vor dem 24. April 1614. Laut Mavromatis verfasste Kornaros den „Erotokritos“ vor 1590, als er noch in Sitia lebte. Später nahm er (nach 1595 oder auch nach 1600) in Chandaka Umarbeitungen vor. Die Auffassungen von Mavromatis werden heute von vielen Forschern geteilt, so z.B. von David Holton. Im Schrifttum begegnet man indes auch anderen Thesen. Temperamentvoll widerspricht Spyros A. Evangelatos, ein ebenfalls guter Kenner der kretischen Literatur, der sich u.a. für „Erotokritos“-Theateraufführungen einsetzt, den Auffassungen Mavromatis'.

Die Unklarheiten über die Lebensdaten des Dichters des „Erotokritos“ haben, wie sich versteht, unter anderem Folgen für die Eruierung und Beurteilung seines Verhältnisses zu anderen Autoren. In der Sicht derjenigen, die Kornaros' literarische Aktivität – in Abweichung etwa von der Auffassung des Linos Politis – in eine frühe Zeit (vor 1613) einordnen, soll es z.B. keinen ins Gewicht fallenden zeitlichen Abstand zwischen Chortatsis und dem Autor des „Erotokritos“ gegeben haben. Wie dem auch sei, die Bande Kornaros' zu Sitia stehen ausser Zweifel, mögen auch hier, was das Nähere anbelangt, Unklarheiten bestehen. Im Schrifttum begegnet man unterschiedlichen näheren topographischen Angaben bzw. Bezeichnungen (Trapezonta bei Sitia, Petra[s] in oder bei Sitia, Dorf Piskokefalo nahe Sitia, Sitia selbst). Kornaros selber spricht am Schluss seines Werkes, wie erwähnt, ausdrücklich von Sitia, und er tut es auf eine Art und Weise, die von der Verbundenheit des Dichters mit dieser

Ortschaft zeugt. Die reizvolle, kleine, heute rund 8000 Einwohner zählende Hafenstadt im Nordosten Kretas ist daher zu Recht stolz auf „ihren" Kornaros.

Kreta, heisst es in der „Odyssee" Homers, liege mitten im weinfarbigen Meere, sei schön und fruchtbar und habe zahlreiche Menschen und neunzig Städte. Laut dem homerischen Epos gab es auf Kreta neben den Achaiern (Achäern), Dorern (Doriern), Kydonen und Pelasgen auch den Stamm der sogenannten Eteokreter. Wer heute die Region von Sitia besucht, dem wird von manchem Einwohner stolz erzählt, dass diese Gegend die Heimat der Eteokreter, der „echten Kreter", gewesen sei. Der kretische Historiker Vasilios Psilakis, der sich in der zweiten Hälfte des 19. Jahrhunderts auf seiner Heimatinsel als Lehrer und Rektor am Gymnasium grosse Verdienste erwarb, schrieb in seinem 1909 in Chania erschienenen dreibändigen Werk über die Geschichte Kretas vom Altertum bis zur Gegenwart, dass die Eteokreter zuerst auf der ganzen Insel verstreut gewesen seien, sich nach der Invasion der Dorier aber in der Stadt Praisos (einige Kilometer südlich von Sitia) konzentriert hätten. Verbreitet ist die Auffassung, dass die Eteokreter von Praisos mit Achaiern vermischte Reste einer altkretischen Bevölkerung der Insel gewesen seien. Die antike Stadt Praisos soll im 12. Jahrhundert v. Chr. gegründet worden sein. Die hier gefundenen Steininschriften aus dem 6.-4. Jahrhundert v. Chr. werden von bestimmten Forschern den Eteokretern bzw. ihrer Sprache zugeschrieben.

Doch Vermutungen über die Zusammensetzung der Bevölkerung Kretas in weit entfernten Zeiten sind mit Vorsicht aufzunehmen, zumal sich in den Quellen nicht selten Mythos und Wirklichkeit verbinden. Auf sichererem Boden bewegen wir uns, wenn es um die hellenistische Zeit geht, also um die Geschehnisse nach dem Tode Alexanders des Grossen. Carl Schneider, ein ausgezeichneter Kenner dieser Periode, schreibt über das hellenistische Praisos: „In Ostkreta hatte die starke Festung Praisos bis zu ihrer Zerstörung die Führung. Die Reste eines grossen Rathauses stammen aus ptolemaischer Zeit, in der die Stadt ihre Hauptblüte erlebte. Praisos war stolz auf sein hohes Alter, was es wohl auch gegenüber dem neuen und neureichen Hierapytna (P.T.: der heutigen Hafenstadt an der Südküste Ierapetra) ausspielen mochte. In und um Praisos haben sich bis in hellenistische Zeit vordorische Elemente erhalten."

Ob man die Region von Sitia als die einstige „Halbinsel der Eteokreter" sehen will oder nicht, ob es zutrifft oder nicht, dass Sitia, wie man in einem Teil des Schrifttums liest, dort (oder ungefähr dort) liege, wo sich das antike Eteia oder Etis befunden habe (aus der Bezeichnung Eteia soll im 3. Jahrhundert v. Chr. der Name Seteia [Sitia] entstanden sein), ob man glauben will oder nicht, dass Myson, einer der sieben Weisen der Antike, in Sitia geboren worden sei, ob man der oft anzutreffenden These beipflichten will oder nicht, dass die Stadt auch unter den Römern, den Byzantinern und den Arabern eine bedeutende Rolle gespielt habe, eines ist sicher: Unter den Venezianern erlangte Sitia beträchtliche Bedeutung. Diese Feststellung ist nicht zuletzt für die Einordnung des Vitsentzos Kornaros in seine soziopolitische und kulturelle Umwelt von nicht geringer Relevanz.

In Anlehnung an das administrative Vorbild der Mutterstadt (an die sechs Stadtquartiere Venedigs) teilten die Venezianer die Insel (das „Regno di Candia") zuerst in sechs sestieri (Exarchate) auf. Später aber, und zwar schon zu Anfang des 14. Jahrhunderts, wurde Kreta von den Venezianern in vier Verwaltungsbezirke (territorii) aufgeteilt, und einer dieser Bezirke war derjenige von Sitia. Sitz der Verwaltung war die gleichnamige Stadt. Für die Bedeutung, welche die Venezianer der Küstenstadt beimassen, spricht unter anderem der Umstand, dass noch im Jahre 1630 in einem Bericht des militärischen Architekten Francesco Basilicata an den für die Verteidigung der Insel zuständigen Venezianer Pietro Giustinian die Notwendigkeit der Befestigung Sitias hervorgehoben wurde, obschon dieses „an einer Stelle liegt, die sich für die Befestigung und Sicherung nicht eignet".

Kreta ist geographisch eine Insel der Gegensätze. Gewaltige Gebirgsmassive wechseln mit sanften Buchten ab. Insbesondere die Nordküste verfügt im Gegensatz zum Süden der Insel über nicht wenige Halbinseln und Buchten. Gemessen etwa an der Souda-Bucht im Westen gilt die kleine Bucht von Sitia jedoch nicht gerade als idealer natürlicher Hafen. Der Holländer Olfert Dapper (1639-1689) befasste sich in seinem erstmals 1688 in Amsterdam erschienenen Buch über die Inseln des Archipels („Eylanden der Archipel") im Rahmen seiner Ausführungen über Kreta (Candia) auch mit Sitia. Er schreibt unter anderem, dass die Region während der Venezianerherrschaft den Verwaltungsbezirk Territorio di Setia mit einem Gouverneur (Rettore) an der Spitze gebildet habe. Die Stadt Sitia liege auf einer rauhen, fast völlig vom Meer umgebenen Landzunge. Sie habe keinen Hafen, nur eine kleine offene Bucht. Die Schiffe seien dort gar nicht sicher, denn es bliesen gewöhnlich Nordwinde. Im Schrifttum ist allerdings umstritten, ob der Verfasser des Archipel-Buches Kreta besucht oder sein Werk nur auf Grund von Berichten und Schriften geschrieben hat.

Wie dem auch sei, das Buch Dappers ist mit schönen Kupferstichen geschmückt. Und wer die Sitia-Bilder sieht, kann sich vorstellen, dass sich Vitsentzos Kornaros in seiner Heimatstadt sehr wohl gefühlt hat. Sitia, wo Kornaros nach seinem eigenen Zeugnis den „Erotokritos" schrieb, hatte sicherlich nicht einen so grossen Anteil am regen Seehandel jener Zeit wie die Stadt Chandaka, welche in venezianischen Dokumenten als die „Seele Venedigs" oder als „ein anderes Venedig im Orient" („alia civitas Venetiarum apud Levantem") bezeichnet wurde. Schon aus diesem Grunde kann der „Erotokritos", wie ich im Rahmen der Ausführungen über die „kretische Renaissance" betont habe, nicht klischeeartig als das Produkt einer „bürgerlichen Kultur" betrachtet werden. Es kommt hinzu, dass, wie gesagt, die von den Venezianern cittadini oder burgenes genannten nichtadligen Stadtbewohner nicht mit dem Bürgertum im soziologischen Sinne des Wortes gleichgesetzt werden dürfen. Man darf mit anderen Worten den Stand nicht mit der sozialen Schicht (der Klasse) verwechseln.

Wie ich in meiner „Neugriechischen Geschichte“ eingehend darlege, erfolgte die Verbürgerlichung der Gesellschaftsstruktur im Osten langsamer als im Westen. Sozioökonomisch hemmend wirkte unter anderem der Umstand, dass sich im Osten keine „innerweltliche Askese“ entfaltete, kein puritanisches Arbeitsethos, kein geistiges Element also, das im Sinne der religionssoziologischen Darlegungen Max Webers über die Genesis des Kapitalismus im Westen den Geschichtsprozess hätte prägen können. Gewiss, im „Erotokritos“ erringt die Liebe einen grossartigen Sieg über die Standesunterschiede. Das ist ein Bekenntnis, das um so mehr beeindruckt, als Kornaros allem Anschein nach der privilegierten Schicht angehörte. Wie gezeigt, spricht vieles dafür, dass seine Familie dem Stand der nobili veneti oder jedenfalls der nobili cretensi entstammte. Sicherlich gehörte der „Erotokritos“-Schöpfer nicht dem „einfachen Volk“, dem populo, an. Seine Sprache aber ist diejenige der „einfachen Leute“, der populari oder populani. Das spricht Bände, denn es zeigt, in welch hohem Ausmass dieser „venezianische oder kretische Adlige“ mit dem Volk verbunden war. Diese Verbundenheit mutet sonderbar an, doch sie ist es nicht, denn sie hat einen gesellschaftlichen Hintergrund – einen Hintergrund mit unbezweifelbaren sozioökonomischen Wurzeln.

In seinem in Zusammenarbeit mit Rudolf Eickhoff verfassten Werk über Venedig, Wien und die Osmanen beschreibt Ekkehard Eickhoff die Situation anschaulich: „Das venezianische Regiment wurde mit der Folge der Aufstände (P.T.: der Kreter) in den ersten Jahrhunderten härter und härter. Abneigung und Entfremdung zwischen Hauptstadt und Kolonie wirkten auf alle Schichten. Die Signorie konnte sich nicht einmal auf die Lehensträger verlassen. Schon seit dem 13. Jahrhundert hatten sich die venezianischen Familien mit einheimischen Vornehmen vermischt. Im Laufe der Jahrhunderte wurde auch der venezianische Adel stark gräzisiert, verstand grossenteils kaum noch Italienisch und nahm überhaupt östliche Sitten an. Die Frauen der Vornehmen führten ein abgeschlossenes Haremsdasein. Bald unterschied nur noch ihr Name und katholischer Glaube die venezianische Oberschicht von ihren eingesessenen Nachbarn. Schon im 14. Jahrhundert hat sich auch der Adel gegen die Signorie empört und musste von dieser in langjährigen Feldzügen unterworfen werden."

Man kann die Feststellungen Eickhoffs zugespitzt zusammenfassen: Das „einfache Volk" hat seine Eroberer kulturell assimiliert. Eickhoff, der im Zusammenhang mit der Kulturblüte im venezianischen Kreta zwar von kretischer Renaissance spricht, gleichzeitig aber zu Recht betont, dass die städtische und adlige Schicht, die diese Leistungen trug, schmal war, geht allerdings fehl, wenn er undifferenziert schreibt, dass die grosse Masse des Volkes von diesem Glanz kaum berührt worden sei. Gegen eine solche verabsolutierende Annahme spricht nicht zuletzt die Ausstrahlung des „Erotokritos" – eine Ausstrahlung, die in erster Linie auf die wunderbare Volkssprache des Gedichts zurückzuführen ist. Das „einfache Volk" hat den „Erotokritos" sozusagen nicht als Kunstwerk, sondern als Volksgedicht aufgenommen. Man kann Kornaros' Leistung nicht gebührend bewerten, wenn man sich nicht besonders mit seiner Sprache befasst. Davon wird nun im nächsten Abschnitt ausführlicher die Rede sein.

Die Sprache des „Erotokritos"

In bezug auf den „Erotokritos" brachte der Lyriker Giorgos Seferis (1900-1971) einmal folgenden Gedanken zum Ausdruck, der ins Geheimnis der echten dichterischen Schöpfung sowie in die schwierige Problematik der ästhetischen Wertung eindringt: „Meiner Ansicht nach besteht keine Möglichkeit zu beweisen, dass ein Gedicht gut ist. Die Gedichte sind wie die Hetäre des Altertums. Sie erscheinen entblösst vor dem Gericht. Wenn wir über sie zu sprechen beginnen, haben die Richter sie bereits verurteilt oder freigesprochen." Der „Erotokritos" ist natürlich schon längst „freigesprochen". Wie wiederum Seferis schreibt, hat die kretische „Wiedergeburt" zwei Früchte hervorgebracht, die selbst viel grösseren Gebieten als demjenigen Kretas zur Ehre gereichten: die Persönlichkeit des Theotokopoulos und die „Erotokritos"-Verse.

Seferis' obige Gedanken sind in einem 1946 geschriebenen Essay zu lesen. Der Verfasser des Essays zitiert unter anderem zwei Verse des Gedichts von Kornaros, in denen Aretousa (in freier Übersetzung) sagt: „Meine Eltern, ihr habt mich gezeugt, ihr habt mir eure Knochen, euer Blut, euren Atem gegeben." Seferis unterstreicht die Akribie der Dekapentasyllavos (Fühnzehnsilber)-Verse des „Erotokritos". Der Dekapentasyllavos (auch Politikos Stichos genannt) ist die gebräuchlichste Versform der Volkslieder der byzantinischen und der postbyzantinischen Zeit, kommt aber auch in der Kunstdichtung vor. In seinem Essay über das Gedicht des Vitsentzos Kornaros macht Seferis weitere Ausführungen über die Sprache des „Erotokritos" – Ausführungen, die schon deshalb bemerkenswert sind, weil sie von einem „modernen" Lyriker stammen.

Hier ein charakteristischer Auszug aus der Würdigung Seferis': „Was erblicken wir in diesen Versen? Der erste Punkt, der Eindruck macht, meine ich, ist, dass, obgleich der Abschnitt ziemlich lang ist (P. T.: Seferis gab zuvor eine längere Passage des „Erotokritos“ wieder), nirgends auch nur eine Spur von sprachlicher Inflation vorhanden ist, keinerlei phrasenhafte Rhetorik, wie wir zu sagen pflegen. Im Gegenteil. Es ist eine bezaubernde Reihe von Versen, welche einer Verkettung intensiver Gefühle entspricht und die in einem Ausbruch gipfelt, an welchem die ganze Naturwelt Anteil hat. Der zweite Punkt, der auffällt, ist, dass der Mensch, der diese Verse geschrieben hat, immer nahe bei seinem Gegenstand bleibt. Er sieht mit absoluter Klarheit die Sache, die er zum Ausdruck bringt, das heisst das Detail einer seelischen und körperlichen Welt, welche sich nach einer rhythmischen Formulierung bewegt. Der dritte Punkt endlich, dem wir unsere Aufmerksamkeit zuwenden sollen, ist die erstaunliche Sicherheit der Sprache, sowohl in objektiver Hinsicht, das heisst unter dem Gesichtspunkt eines Sprachorgans, das Allgemeingut ist, als auch in subjektiver Hinsicht, das heisst unter dem Gesichtspunkt der Beherrschung des Organs durch den Dichter und der Empfindung, die er für seine Sprache und deren Rhythmus besitzt.“

Die von Seferis hervorgehobenen Charakteristika des „Erotokritos“ (Fehlen einer hohlen Rhetorik – Sinn für die Details des Gegenstands – erstaunliche Sicherheit der Sprache) hängen eng miteinander zusammen. Im Grunde betreffen alle drei Merkmale die „Erotokritos“-Sprache im weiteren Sinne dieses Wortes. Seferis macht zwar bezüglich der zwei ersten Merkmale gewisse Differenzierungen. Er verschweigt die im Gedicht vorkommenden Wiederholungen sowie die „sehr einfache Ökonomie der Handlung“ nicht. Doch gleichzeitig nimmt er den Dichter in Schutz; er beseitigt die Einwände durch Hervorhebung der positiven Seiten des „Erotokritos“. Diese Einstellung Seferis’ ist weitgehend auf seine Liebe zur „Erorokritos“-Sprache im engeren Sinne des Wortes zurückzuführen, nämlich nicht zum literarischen Stil des Kornaros, sondern zum kretischen Dialekt. Nicht von ungefähr widmet Seferis gerade diesem Aspekt (dem dritten Punkt im obigen Zitat) längere Ausführungen, wobei er die Volksnähe der Sprache des Kornaros unterstreicht.

Seferis erhielt 1963 den Nobelpreis für Literatur „in Anbetracht seiner einzigartigen Gedanken, des Stils und der Schönheit seiner Sprache, welche zum dauernden Symbol für alles Unvergängliche in der hellenischen Lebensauffassung geworden sind". Sein Verhältnis zur Sprache spielte also bei seiner Auszeichnung durch die Schwedische Akademie eine wichtige Rolle. Seferis' Sprache unterscheidet sich jedoch von derjenigen des „Erotokritos" stark. Das gilt insbesondere für den späteren Seferis, der sich 1935 zur sogenannten modernen Lyrik hinwandte. Gewiss, Seferis schrieb in der neugriechischen Volkssprache, der Dimotiki. Die Dimotiki ist jedoch eine allgemeine Sprache, nicht ein lokales Idiom. Ausserdem weist die Sprache des „geformten" Seferis Merkmale auf, die dem Stil des Kornaros geradezu widersprechen: bewusste Knappheit der Ausdrucksmittel, Verkürzung durch Chiffren, verstellter Sinn, geheimnisvolle Verschlüsselung des Alltäglichen, Misstrauen gegenüber Metrik und Reim. Im Gegensatz zu Kornaros kann Seferis nicht als ein populärer Dichter angesehen werden. Zu den griechischen Volkskreisen, die etwa ein Dionysios Solomos (1798-1857) oder ein Kostis Palamas (1859-1943) entzünden konnte, fand Seferis selbst nach der Verleihung des Nobelpreises keinen Zugang.

Die Vertonung von Versen Seferis' durch den international bekannten Komponisten Mikis Theodorakis (geb. 1925) trug zwar zur „Popularisierung" des Lyrikers bei. Doch der Einblick vieler Griechen in die „schwierigen" Teile der Seferis'schen Schöpfung konnte auch nach dieser „Popularisierung" nicht entscheidend gefördert werden. Seferis bleibt weitgehend der Lyriker einer Elite, selbst wenn etliche seiner Verse ein breiteres Publikum ansprechen. Deshalb erscheint sein Loblieb auf den viele ausgesprochen volkstümliche Elemente aufweisenden „Erotokritos" zunächst merkwürdig. Doch dieses Loblied hat tiefere Wurzeln, welche mit dem Umstand zu tun haben, dass Seferis' Geburtsort Smyrna (Izmir) war. In seinem „Erotokritos"-Essay bezeichnet er seine eigene Kindheits- und Jugendsprache als „sehr verwandt" mit derjenigen der Schöpfung des Kornaros. Und in einer Anmerkung begründet er dies mit der Erläuterung, dass im Smyrna jener Zeit die Sprache des einfachen Volkes, was das Vokabular anbelangt, dem kretischen Idiom sehr ähnlich gewesen sei.

Hinsichtlich der kretischen Volkssprache der Kornaros-Zeit macht Seferis folgende Feststellungen: „Diese Sprache scheint von einer Gesellschaft herzukommen, die von der Vielsprachigkeit nicht gegeisselt wird. Xanthoudidis bemerkt, dass der Dichter des ‚Erotokritos' seine Sprache mit einer solchen Folgerichtigkeit benutze, dass man sagen würde, er sei das Haupt einer Schule von Dimotikistes (Anhängern der Dimotiki), das seinen Schülern ein sprachliches Vorbild geben wolle. Diesen Eindruck erweckt jedoch Psycharis. Selbst in den Augenblicken grösster Zartheit glaubt man, dass er, Psycharis, mit erhobenem Finger unterstreicht: ‚So sollen wir es sagen, ihr sagt es nicht richtig.' Beim Dichter des ‚Erotokritos' gibt es keinerlei Anzeichen dieses Verhaltens. Das Gegenteil sogar ist der Fall. Er erweckt den Eindruck, dass ihn die Sprache erhebt und ihn leitet, gleich wie einen Schwimmer, welcher in einem Fluss mit dem Strom schwimmt. Er kämpft nicht mit der Sprache, wie wir alle seit der Epoche Solomos' mit ihr ringen. Er zweifelt nicht daran, dass seine Stimme die richtige ist und dass sie von der Stimme der anderen nicht verschieden ist."

Jannis Psycharis (1854-1929), der von Seferis kritisierte „Schulmeister" der Dimotiki, war Dozent in Paris. Er veröffentlichte 1888 ein in radikaler Volkssprache verfasstes Werk („Meine Reise"), das zum Evangelium des Dimotikismos (der Volkssprachebewegung) werden sollte. Psycharis erkannte das Versagen der antikisierenden Reinsprache (Katharevusa) in Erziehung und Literatur. Als griechischer Nationalist und Wortführer des aufstrebenden Bürgertums wollte er, wie ich in meinem Buch „Die Identitätssuche des neuen Griechentums" näher darlege, der Volkssprache zum Durchbruch verhelfen. Er tat dies indes auf eine provokativ-kämpferische Art und Weise, die ihn nicht selten zu gekünstelten

Lösungen und Vorschlägen verleitete. Diese extremistischen Konstruktionen sind als „Psycharismen" in die Geschichte eingegangen. Bei Kornaros hingegen vermittelt die Sprache eine überzeugende Natürlichkeit. Das Gekünstelte liegt ihm völlig fern. Und dies, obschon er – und das unterscheidet den „Erotokritos" von den richtigen Volksliedern – an seine Aufgabe als Kunstdichter glaubt. Bezeichnenderweise kann man im „Erotokritos" in Zusammenhang mit einem Werk der Malerei lesen, dass hier die Kunst die Natur besiegt habe.

Kornaros vermeidet die Antikisierung der Sprache (er verwendet altertümliche Sprachelemente nur insofern, als diese Bestandteile des kretischen Idioms sind) und folgt dem lokalen Dialekt, ohne dem Manierismus oder gar dem Marinismus zu verfallen. Man begegnet zwar im Schrifttum vereinzelten Beispielen für angebliche Abweichungen in Richtung entweder einer Gelehrtensprache oder eines konstruierten Dialekts. Doch ob und wieweit diese Einwände zutreffen, ist zumindest fragwürdig. Jedenfalls unterscheidet sich Kornaros' Sprache sehr stark von derjenigen Kazantzakis' in dessen „Odyss[e]ia" („Odyssee"), wo der Leser nicht zuletzt wegen der Verbindung idiomatischer Elemente mit einem gekünstelten Stil das Gefühl hat, hier fehle die spontane Sensibilität. Darauf wird zurückzukommen sein. Kornaros' Sprache unterscheidet sich in hohem Ausmass auch von derjenigen des Lyrikers Odysseas Elytis (1911-1996), obschon dieser in seinem wohl bekanntesten und anspruchsvollsten Werk, im „Axion Esti" („Gepriesen sei") (1959), unter anderem an „Erotokritos"-Elemente anknüpft.

Der am 2. November 1911 in Iraklio geborene Elytis, mit bürgerlichem Namen Odysseas Alepoudelis, der 1979 den Nobelpreis für Literatur erhielt, ist eben ein ganz anders gearteter Dichter als Kornaros. Kornaros war zwar ein Kunstdichter. Doch viele Passagen des „Erotokritos" lesen sich (sagen wir lieber: hören sich – denn die mündliche Überlieferung spielte dabei eine eminente Rolle) wie Volkslieder. Bestimmte „Erotokritos"-Partien tönen wie Mantinades, also wie die auf Kreta sehr beliebten Dekapentasyllavos-

Reimpaare (Distichen). Die Mantinades werden vor allem bei Anlässen (z.B. Hochzeiten) vorgetragen, oft von der Lyra begleitet, einem der Laute ähnlichen Instrument. Sie werden nicht selten improvisiert. Es gibt aber auch viele, die zum traditionellen Repertoire gehören. Ein sehr populärer kretischer Lyraspieler der neueren Zeit war Nikos Xylouris (1937-1980).

Bei Kornaros weiss man in manchen Fällen nicht, ob er in seinen „Erotokritos“ Elemente der Volksdichtung wortwörtlich integriert hat oder ob, umgekehrt, Verse von ihm zu Bestandteilen der Volksdichtung geworden sind. Bei Elytis sind wir natürlich nicht mir solchen philologischen Schwierigkeiten konfrontiert. Im erwähnten „Axion Esti“ („To Axion Esti“ ist das Vere dignum est in der vergleichbaren lateinischen Messe) besingt der Lyriker trotz der Anknüpfung an die verschiedenartigsten traditionellen Elemente der hellenischen Kultur auf seine individuelle Art die „Welt die kleine die grosse“, die identisch mit Griechenland ist. Dieser Individualismus Elytis’ erschien vor der Popularisierung eines Teils seiner Dichtung mittels der „Axion Esti“-Vertonung durch den sozialrevolutionär engagierten Künstler Mikis Theodorakis manchem griechischen Linksintellektuellen „elitär“, wenn nicht sogar „suspekt“.

Kornaros ist sich der Kraft der Dichtung durchaus bewusst. An einer „Erotokritos“-Stelle lässt er Aretousa sagen: „Die Worte haben die Gabe, jedes Herz zu trösten. Wer mit Wissen und Können (P.T.: auf geeignete Art und Weise) spricht, der bringt es fertig, dass die Augen der Menschen weinen und lachen.“ Kornaros’ Sprache ist indessen nicht individualistisch, geschweige denn elitär. Er spricht zum Volk mit den Worten des Volkes. Das tut er selbst dort, wo er sich poetischer Mittel bedient, etwa des Stabreims (der sog. Alliteration), des Wortspiels (der sog. Paronomasie) oder der Verwendung von Vergleichen und Bildern. Kornaros vermeidet die übertriebene Benutzung von Adjektiven. Er liebt die Verse, die sich wie Sprichwörter (Parömien) anhören. Seine „Parömien“ tönen nicht wie Gelehrtenaussagen, sondern wie Volksweisheiten. Deswegen erwecken sie nicht den Eindruck einer von oben herab erfolgenden Moralpredigt, sondern denjenigen der Quintessenz einer jahrhundertealten Lebenserfahrung. Eindrucksvoll unter diesem Gesichtspunkt sind z.B. jene Verse, in denen der Dichter vor der Sucht nach Macht und Reichtum warnt. Macht und Reichtum, sagt der Dichter, seien vergänglich – vergänglich wie das Glas, das zerbricht, wie der Rauch, der schwindet.

Die grosse Stärke des Vitsentzos Kornaros ist die bewundernswerte Beherrschung des kretischen Dialekts. Sein „Erotokritos" spiegelt die Alltagssprache im Ostkreta des 17. Jahrhunderts wider. Gewiss, der „Erotokritos" erfuhr wegen der mündlichen Tradition, der Fehler von Kopisten und der Anpassung an das Sprachgefühl der das Gedicht rezipierenden nichtkretischen Hörer/Leser manche Änderung. Es lassen sich bei bestimmten Versionen z.B. Einflüsse des Dialekts der Ionischen Inseln feststellen. Doch das sind Ausnahmen, welche die Regel bestätigen. Der „Erotokritos" ist ein Monument der kretischen Mundart, wie diese sich etwa seit Beginn des 14. Jahrhunderts entwickelte. Diese Mundart weist im Vergleich zur gemeinsamen neugriechischen Volkssprache viele archaische Elemente im Vokabular, in der Formenlehre und in der Satzlehre (Syntax) auf; die Lautbildung hat allerdings im Laufe der Zeit Veränderungen erfahren, was die eigenartige kretische Aussprache zur Folge hat.

Die altertümlichen Elemente der „Erotokritos"-Sprache heben keineswegs deren Volksnähe auf, denn sie sind organische, natürliche Bestandteile der betreffenden Mundart. Wenn ein Bauer auf der Lasithi-Hochebene heute noch die Ziege nicht katsika nennt, wie sie in der gemeinsamen griechischen Volkssprache heisst, sondern aiga (ega) (nach dem altgriechischen Wort aix), so empfindet er diesen Ausdruck nicht als etwas Gekünsteltes. Er antikisiert nicht, er spricht seinen Dialekt. Auch Kornaros antikisiert nicht. Er benutzt folgerichtig die Sprache des Volkes, und dies ist ein sehr wichtiger Grund für die grosse Beliebtheit des Gedichts, die schon im Vorwort der von der Druckerei Antonio Bortolis 1713 in Venedig besorgten ersten Auflage unterstrichen wurde. Gemeint war dabei vor allem die Beliebtheit des Gedichts bei den Kretern, aber auch bei Bewohnern anderer Gegenden. Im Laufe der Zeit eroberte der „Erotokritos“ das Herz vieler Griechen, nicht zuletzt (und das ist wichtig) vieler Griechen der unteren Volksschichten.

Damit ist auch gesagt, dass ein Teil der Gebildeten oder „Gebildeten“ (und Eingebildeten) dem „Erotokritos“ mit Misstrauen oder gar mit Verachtung begegneten. Während das sogenannt einfache Volk „Erotokritos“-Distichen auswendig lernte und rezitierte, während die Protagonisten des Gedichts die Phantasie der unteren Volksschichten beflügelten, wie Volksvorstellungen, Fasnachtsveranstaltungen und „naiv-primitive“ Abbildungen zeigten, während der „Erotokritos“ neben dem Schlafkissen vieler Verehrer des Gedichtes lag (so ein Zeugnis aus dem Jahre 1766), betrachteten bestimmte Gelehrte das Werk des Kornaros als ein „vulgäres Elaborat“. Selbst Adamantios Korais schrieb z.B. 1805 in einem Brief, dass es keine Freude bereite, den „Erotokritos“ und „andere derartige Fehlgeburten“ zu lesen. Korais war allerdings der Meinung, man müsse sich dennoch mit der „vulgären Sprache“ befassen, denn das diesbezügliche Studium erleichtere den Zugang zum Altgriechischen. In diesem Zusammenhang benutzte Korais ein Bild: Wer die wunderschöne Herrin (die alte Sprache) liebe, dürfe die hässliche Dienerin (die vulgäre Sprache) nicht vernachlässigen, denn die Dienerin öffne die Tür zur Herrin.

In einem undatierten Brief bezeichnete Korais den „Erotokritos“ als den „bisherigen Homer der vulgären Literatur“. Und auch sonst charakterisierte er das Gedicht des Kornaros ironisch als „den anderen Homer“. Diese Äusserungen wurden, wie das oft geschieht, danach aus dem Zusammenhang gerissen und in dem Sinn wiedergegeben, dass Korais in Kornaros „den Homer der neugriechischen Literatur“ erblickt habe. Wie schon Xanthoudidis feststellte, kann indes kein Zweifel bestehen, dass Korais' Meinung über den „Erotokritos“ nicht günstig war. In einem Teil des Schrifttums wird dies etwas einseitig darauf zurückgeführt, dass Korais für Prosa mehr Sinn gehabt habe als für Poesie. Doch der Hauptgrund für die Ablehnung des „Erotokritos" durch Korais liegt, wie ich in meinem griechischsprachigen Buch „Diese Sprache gehört uns" darlege, im linguistischen Bereich. Korais war zwar kein hundertprozentiger Verfechter der archaisierenden Sprache; er konnte sich aber auch nicht für eine uneingeschränkte Unterstützung der Volkssprache entschliessen. Er ging als ein Wortführer des sogenannten mittleren Weges in die Geschichte ein.

Der „Erotokritos" war für Korais, der sich auf dem Gebiet der klassischen Philologie hohe Verdienste erwarb, ein Forschungsobjekt. Das im echten kretischen Dialekt verfasste Gedicht sprach den Wortführer des „mittleren Weges" indes nicht an. Nichtsdestoweniger ist Korais' Aussage über „den Homer der vulgären Literatur" ein bemerkenswertes Zeugnis. Ein Zeugnis für die Beliebtheit des Gedichts des Kornaros. Jene Beliebtheit, welche unter anderem in Reminiszenzen von Seferis über das Smyrna seiner Kindheit zum Ausdruck kommt. Es kann hier die Geschichte der Resonanz des „Erotokritos" im Laufe der Jahrhunderte nicht eingehend geschildert werden. Es sei lediglich vermerkt, dass diese erstaunliche Resonanz nicht selten gerade aus hasserfüllten Polemiken jener Kreise ersichtlich ist, die den „Erotokritos" ablehnten. Die Polemiker bemühten nebst der Missbilligung der „vulgären Sprache" die verschiedenartigsten „Argumente": der „Erotokritos" folge sklavisch fremden Vorbildern, er sei eintönig, ja er sei unsittlich. Was das Letztere anbelangt, drängt sich die Feststellung auf, dass dieses kretische Liebesgedicht unter dem Gesichtspunkt der Erotik eher „prüde" anmutet. Kornaros lässt Aretousa zu Erotokritos sagen: „Wisse, dass ich dir nicht erlaube, mich zu berühren, bis mein Vater seine Einwilligung gibt."

Dionysios Fotinos (Photeinos) (1769-1821), ein im fanariotischen Milieu in Bukarest lebender Grieche (die bereits erwähnten fanariotischen „Archonten" erlangten in der Moldau und der Walachei zu jener Zeit grossen politischen

Einfluss, da der Sultan von 1731 bis 1821 die Fürstensitze in Jassy und Bukarest an Fanarioten zu vergeben pflegte), ging wegen der besagten Vorurteile betreffend den „Erotokritos“ so weit, eine Paraphrase des Gedichts zu verfassen. Sie wurde 1818 in Wien unter dem Titel „Neos Erotokritos“ („Neuer Erotokritos“) ediert. Fotinos benutzte eine gekünstelte, antikisierende, alles andere als ästhetisch überzeugende Sprache und änderte sogar die Metrik des Gedichts. In seinem Vorwort sprach Fotinos in bezug auf den kretischen Dialekt des Kornaros von „sehr ekelhaften“, „barbarischen“, „fast unverständlichen“ idiomatischen Ausdrücken.

Fotinos' Paraphrase war nicht nur die Folge seines, milde gesprochen, bedenklichen Gefühls für Kunst und Literatur. Sie spiegelte darüber hinaus die Verachtung der nach Macht und Reichtum strebenden Fanarioten gegenüber dem sogenannt einfachen Volk und dessen Sprache wider. Später wird Georgios Mistriotis (1846-1916), Professor der Philologie an der Athener Universität und engagierter Vorkämpfer der antikisierenden Sprache, die Anhänger der Dimotiki (der Volkssprache) schelten, weil sie „mit Frömmigkeit“ den „Erotokritos“ läsen. Für Mistriotis waren der „Erotokritos“ und der „On[e]irokritis“ („Traumdeuter“) „die einzigen Bücher, welche die Bücherschränke der Dienstmädchen schmücken“. Ein entsetzliches Urteil – entsetzlich unter ästhetischem, wissenschaftlichem, nicht zuletzt aber auch sozialem Gesichtspunkt.

Ich gestehe meine „Sünde“. Ich lese „mit Frömmigkeit“ den „Erotokritos“. Ich kann nicht anders. Kreter war mein Vater, Kreterin meine Mutter. Diese wiegte mich mit „Erotokritos“-Versen in den Schlaf. Aretousas Worte sind auch die meinigen: „Meine Eltern, ihr habt mich gezeugt, ihr habt mir eure Knochen, euer Blut, euren Atem gegeben.“

Würde und Bürde des kretischen Dialekts

Die grosse Stärke des Vitsentzos Kornaros, schrieb ich im vorherigen Abschnitt, ist die bewundernswerte Beherrschung des kretischen Dialekts. Doch dieser Dialekt ist Würde und Bürde zugleich. Gerade wegen seiner wunderbaren Sprache ist der „Erotokritos“ einerseits beliebt, andererseits aber vielen unzugänglich. Letzteres betrifft nicht nur die des Griechischen Unkundigen (es gibt zwar ein paar Übersetzungen in andere Sprachen, doch einem breiteren internationalen Publikum ist das Meisterwerk der kretischen Literatur bestensfalls dem Namen nach bekannt). Unzugänglich war und ist der „Erotokritos“ sogar einem grossen Teil des nichtkretischen griechischen Publikums. Die erwähnten negativen Äusserungen griechischer Gelehrter über das Werk Kornaros' hängen grossenteils mit dieser Tatsache zusammen. In den betreffenden Kreisen fehlte das erforderliche Sprachgefühl. Man empfand das Kretische als etwas Fremdartiges. Selbst Seferis verspürte, wie eine Anmerkung zu seinem „Erotokritos“-Essay zeigt, ein gewisses Befremden darüber, dass im Kretischen der Held des Gedichts eigentlich Rotokritos (nicht Erotokritos) heisst. Im Gedicht selber wird denn auch dieser Name verwendet.

Das Kretische ist eigentlich in mancher Hinsicht „griechischer“ als die Dimotiki, die allgemeine hellenische Volkssprache. Nicht nur weil es, wie gesagt, viele archaische Elemente aufweist, sondern auch aus dem Grunde, dass bei ihm nicht jene fremden, z.B. slawischen oder albanischen (arvanitischen), Überbleibsel vorkommen, denen wir in gewissen anderen Regionen Griechenlands begegnen. Trotzdem kommt die kretische Mundart aber manchem nichtkretischen Griechen fremdartig vor. Das erscheint auf den ersten Blick paradox, doch bei näherem Hinsehen ist es natürlich. Das scheinbar Paradoxe erklärt sich, wenn man in Betracht zieht, dass die gemeinsame griechische Volkssprache im Laufe der Zeit eine Entwicklung durchmachte, von der das „konservative Kretische“ lange weitgehend unberührt blieb. Ein charakteristisches Beispiel dafür ist die kretische Endung der dritten Person der Mehrzahl bei den Verben im Präsens auf -ousi (-usi), nicht auf -oun (-un), wie es in der gemeinsamen Volkssprache der Fall ist.

Die Endung -ousi (-usi) hat ihre Wurzeln im Altgriechischen. Ähnlich verhält es sich, um ein weiteres Beispiel zu geben, mit dem im Kretischen vorkommenden Nachstellen des unbetonten Personalpronomens: thoro se (ich sehe dich) und nicht se thoro, wie die Satzlehre der Dimotiki es verlangt. Auch dieses Nachstellen hat altgriechische Wurzeln. Es kommt hinzu, dass das vom Altgriechischen theoro herkommende thoro von vielen nichtkretischen Griechen, die für sehen das Verb vlepo benutzen, als idiomatisch empfunden wird. Nebenbei bemerkt: auf das griechische theoro (betrachten) gehen das deutsche Wort Theorie und die verwandten Wortbildungen zurück. Wie bereits hervorgehoben, empfindet der Kreter die in seinem Dialekt vorkommenden altertümlichen Elemente nicht als eine Antikisierung, als eine Nachahmung des Altgriechischen, sondern als natürliche Bestandteile der lebendigen kretischen Volkssprache.

Darin besteht der grosse Unterschied zum sogenannten Attizismus. Das Neugriechische hat sich organisch aus dem Altgriechischen entwickelt. Es ist das Resultat einer jahrtausendelangen Sprachentwicklung, deren wichtigste Etappen (in einer freilich sehr schematischen Aufzählung) folgende Stufen ergeben: altgriechische Dialekte (Sprachen der altgriechischen Poleis [Stadtstaaten]) – gemeinsame Sprachen von regionaler Bedeutung – Verbreitung des attischen Dialekts dank der politischen Macht und der kulturellen Ausstrahlungskraft Athens im 5. Jahrhundert v. Chr. – Entstehung und Durchsetzung der sogenannten Koine (gemeinsamen Sprache) in der hellenistischen Zeit (vom 3. Jh. v. Chr. bis zum 3. Jh. n. Chr.) vor allem auf der Basis des attischen Dialekts – Mittelgriechisch (Sprache der griechisch-byzantinischen Zeit: 395-1453 n. Chr.) – Fortsetzung der Entwicklung während der Türkenzeit (1453-1821 n. Chr.) – Sprache im befreiten Griechenland (1821 bis heute).

Die Ursprünge des Neugriechischen sind schon in der Koine zu suchen. Vergleicht man etwa das Griechische des 2. nachchristlichen Jahrhunderts mit dem Attischen, so stellt man fest, dass die Koine jener Zeit in der Lautung, im Wortschatz, in der Morphologie und in der Syntax bereits viele der Veränderungen durchgemacht hatte, die heute das Neugriechische vom Altgriechischen unterscheiden. Die Entwicklung hat sich allerdings nicht geradlinig in dieser Richtung fortgesetzt, sondern sie war voller Spannungen. Von Anfang an stiess die Koine, in welcher übrigens auch das Neue Testament geschrieben wurde, auf den erwähnten Attizismus, d.h. auf den Widerstand der Gelehrten und Grammatiker, welche die gesprochene Sprache verachteten und ein „klassisches" Griechisch zu schreiben versuchten. So entstand jene verhängnisvolle Kluft zwischen der einfachen Umgangssprache und der gehobenen Gelehrtensprache, welche für die spätere Entwicklung nicht ohne Folgen blieb.

Die in der hellenistischen Zeit entstandene „Zweisprachigkeit" („Diglossie") setzte sich durch die byzantinische Zeit hindurch bis in die neugriechische Periode fort. Im öffentlichen Leben der Byzantiner beherrschte die antikisierende Sprache das Feld. Derselben Sprache bedienten sich in der Regel auch die Gelehrten. Doch die Weiterbildung der einfachen Umgangssprache konnte nicht aufgehalten werden. Wie verschiedene Quellen (so z.B. die sogenannten Akritika Tragudia, welche den Beschützern der Grenzen des Byzantinischen Reichs gewidmet sind) zeigen, gingen die Veränderungen, die in der Koine begonnen hatten, weiter. Die Türkenherrschaft hemmte zwar die kulturelle Entwicklung des griechischen Volkes, führte aber nicht zum Untergang der griechischen Sprache. Auf dem Festland setzte das demotische Lied (das Dimotiko Tragudi) die Tradition der Akritika Tragudia fort. Auf den nicht unter türkischer

Herrschaft stehenden Inseln kam es sogar zu einer Blüte der Literatur, die aus dem Reichtum der lokalen Volksdialekte schöpfen konnte.

Hier spielte der kretische Volksdialekt eine eminente Rolle. Wie der hervorragende griechische Linguist Manolis A. Triantafyllidis (1883-1959) in der historischen Einleitung zu seiner neugriechischen Grammatik zutreffend schreibt, fand im Kreta des 16. und 17. Jahrhunderts eine sprachliche Emanzipation statt. Während auf dem türkisch besetzten Festland die byzantinische Tradition vorherrschte, setzte sich auf Kreta auf der Grundlage des Idioms des Ostteils der Insel eine „neugriechische gemeinsame Schriftsprache" durch. Triantafyllidis verweist natürlich in diesem Zusammenhang auf das „Opfer Abrahams", die „Erofili" und den „Erotokritos". Die neue Sprache befreite sich in diesen Literaturwerken laut Triantafyllidis von der mittelalterlichen Verachtung. „Aber die Blüte der kretischen Literatur hört mit der Eroberung Kretas durch die Türken im Jahr 1669 plötzlich auf... Sonst wäre eine der wesentlichsten Voraussetzungen für die Gestaltung einer neuhellenischen nationalen Koine geschaffen worden."

Nach der Befreiung Griechenlands ging die allmähliche Entwicklung einer gemeinsamen Volkssprache weiter. Doch das offizielle Griechenland des 19. Jahrhunderts, beseelt vom nationalistischen Ideal der Wiedergeburt der griechischen Antike, huldigte einer anderen Sprache. Als gemeinsame Schriftsprache wurde die Katharevusa (Reinsprache) eingeführt, welche nicht auf den grammatischen Regeln der Volkssprache beruhte, sondern – mit wenigen Ausnahmen – auf denjenigen des Attischen. Die Reinsprache war das Produkt des sprachlichen Purismus, des Katharismos, des Bemühens, die Umgangssprache von „fremden", mit dem archaisierenden Sprachideal nicht vereinbaren Elementen zu reinigen. Gegen Ende des 19., vor allem aber am Anfang des 20. Jahrhunderts begann der Purismus auf starken Widerstand zu stossen. Die vor allem von Jannis Psycharis ausgelöste Bewegung für die Dimotiki (die Volkssprache) erfasste zunächst die Literatur im engeren Sinne des Wortes, d.h. das schöngeistige Schrifttum, und setzte sich dann auch in den ersten Klassen der Primarschule durch. Letzteres geschah im Rahmen einer Reform, die 1917 bis 1920 nach dem Sieg der vom grossen kretischen Staatsmann Eleftherios Venizelos (1864-1936) angeführten liberal-bürgerlichen Kräfte erfolgte.

Der Streit um die sogenannte neugriechische Sprachfrage (das Glossiko Zitima) lief auf hohen Touren und bewegte die Gemüter der Griechen. Im Laufe der Zeit erhielt das Glossiko Zitima immer mehr einen gesellschaftspolitischen Akzent. Fanatische „Nationaldenkende" stellten die Volkssprache-Anhänger als Wortführer des „Slawokommunismus" hin. Die Erziehungs- und Sprachreform Georgios Papandreous (1888-1968) im Jahr 1964 bildete einen Meilenstein. Die Anerkennung der Volkssprache auf allen Erziehungsebenen wurde jedoch von der Athener Militärdiktatur (1967-1974) rückgängig gemacht. Nach dem Sturz der Militärdiktatur führte die Regierung der rechtsgerichteten Nea Dimokratia unter Konstantinos Karamanlis (1907-1998) in den Jahren 1976 bis 1977 eine umfassende Strukturreform durch, in deren Rahmen die Dimotiki offiziell anerkannt wurde. Karamanlis konnte nicht als kommunistischer Verräter an der Nation hingestellt werden. Nach ihrem Wahlsieg im Oktober 1981 nahmen die PASOK-Sozialisten eine Orthographiereform vor (Einführung des Ein-Akzent-Systems). Die Sprachfrage entschärfte sich beträchtlich, wenn auch im Zuge eines übereifrigen Modernismus nicht selten die Bedeutung der Kontinuität der Sprachentwicklung und der Wert des überlieferten Kulturgutes verkannt wurden.

Nur vor dem skizzierten sprachgeschichtlichen Hintergrund kann der Stellenwert des kretischen Dialekts innerhalb der hellenischen Kulturentwicklung richtig eingeschätzt werden. Und nur vor diesem Hintergrund kann man auch verstehen, was gemeint ist, wenn dieses Idiom als Würde und Bürde zugleich bezeichnet wird. Die Kluft zwischen der allgemeinen Volkssprache und dem Kretischen wird unter anderem durch die Aussprache akzentuiert. Es ist hier nicht der Ort, auf die diesbezüglichen Einzelheiten einzugehen. Ich verweise die Interessierten auf den Phonetik-Teil meiner deutschsprachigen „Neugriechischen Grammatik". Nur zwei Eigentümlichkeiten der kretischen Aussprache seien hervorgehoben: Der Konsonant (Mitlaut) k wird im Kretischen vor den sogenannten hellen Vokallauten (Selbstlauten) (e und i) als tsch ausgesprochen; in der allgemeinen griechischen Volkssprache hingegen tönt der Konsonant k in diesen Fällen als eine enge Verbindung von k und j. Das unbetonte weibliche Possessivpronomen tis (ihr/ihre) (3. Person; eine Besitzerin; ein oder mehrere Gegenstände; im Griechischen richten sich die Deklinationsformen des Pronomens ausschliesslich nach dem Besitzer bzw. der Besitzerin) wird im Kretischen in tsi oder dzi (in der Region von Lasithi oft in tsis oder dzis) umgewandelt.

Dabei ist zu beachten, dass die Verbindung der entsprechenden griechischen Buchstaben (des Taus und des Zetas) sowohl in der allgemeinen griechischen Volkssprache als auch im kretischen Dialekt nicht wie ts klingt, sondern wie ds. Eigentlich hiess Kazantzakis Kasandsakis. Und der Name des Verfassers des vorliegenden Werks klingt im Griechischen Dsermias (mit Betonung der Schlussilbe). Ich muss gestehen, dass ich es heute noch (nach jahrzehntelangem Domizil in der Schweiz) nicht besonders gern habe, wenn mein Name nicht „richtig" ausgesprochen wird. Aber das lässt sich nicht oder jedenfalls nicht leicht ändern. Die phonetische Transkription neugriechischer Wörter ins Deutsche erleichtert das Lesen, ist aber bestimmten Grenzen (z.B. Nichtübertragbarkeit des griechischen Delta) unterworfen. Die Transkription der Association Internationale Phonétique (der Internationalen Phonetischen Vereinigung) ist viel nuancierter als die deutsche, dem breiten Publikum jedoch zu wenig bekannt. Das Problem der Transkription wird dadurch kompliziert, dass man in gewissen Fällen (so z.B. bei der Übertragung von altgriechischen Bezeichnungen oder von Eigennamen) nicht rein phonetische, sondern auch andere (historische, orthographische, konventionelle usw.) Gesichtspunkte berücksichtigen muss. Ich füge mich dem „Schicksal". In der Schweiz heisse ich anders als in Griechenland. Es tröstet mich der Gedanke, dass zum Beispiel selbst Goethe in Griechenland wegen der Transkription Gete heisst.

Es ist ein Gemeinplatz, dass eine Entsprechung von Lauten und Buchstaben lediglich annähernd besteht. Der bereits erwähnte Grammatiker Manolis Triantafyllidis weist zu Recht auf die partielle Kluft zwischen Phonetik und historischer Orthographie hin, d.h. auf die partielle Unzulänglichkeit des griechischen Alphabets. Die griechische Rechtschreibung wurzelt in der Antike. Sie wurde nicht für die Gegenwart geschaffen. Das ist ein Phänomen, bemerkt Triantafyllidis, das man auch bei anderen zivilisierten Völkern „mit Tradition und langer Geschichte" antreffe. Xanthoudidis schrieb in der Einleitung zu seiner kritischen „Erotokritos"-Edition, dass er es zweckmässig gefunden habe, an der phonetischen Überlieferung festzuhalten und diese der historischen Rechtschreibung anzupassen. Auch im Falle des „Erotokritos" gibt es aber die Inkongruenz von Phonetik und historischer Rechtschreibung. Das liegt in der Natur der Dinge. Deswegen waren dem Versuch Xanthoudidis', die phonetische Überlieferung zu respektieren, unüberwindliche Grenzen gesetzt. Dies um so mehr, als der Herausgeber des Werkes der „kretischen Renaissance" gleichzeitig die historische Orthographie hat berücksichtigen wollen. In bezug auf den „Erotokritos", wie überhaupt hinsichtlich der kretischen Literatur jener Zeit, kommen die aus dem betreffenden Dialekt resultierenden Schwierigkeiten hinzu.

Bis zu einem gewissen Grad trug Xanthoudidis der Eigenart der kretischen Sprache Rechnung. Er ging indes nicht so weit, diese Eigenart auch in Fällen wie demjenigen der Aussprache des Konsonanten k vor den hellen Vokallauten zum Ausdruck zu bringen. So blieb z.B. das Wort kai (ke) (und) in seiner Edition so geschrieben und wurde nicht etwa in tsche transkribiert. Hier kapitulierte die phonetische Konsequenz vor der Unzulänglichkeit des griechischen Alphabets. Dieses kennt kein Zeichen für den Laut, der im Deutschen mit sch, im Französichen mit ch und im Englischen mit sh angegeben wird. Trotz der Unzulänglichkeit des griechischen Alphabets ist das Streben nach einer gewissen Konsequenz im Rahmen des Möglichen unerlässlich. Xanthoudidis schreibt gewöhnlich Vitzentzos Kornaros, obschon er in seiner Einleitung erwähnt, dass auf Kreta der Name Vitsentzos häufig vorgekommen sei. Andererseits vermutet Xanthoudidis, dass in der „Erotokritos"-Zeit der Unterschied in der Aussprache von ts und tz nicht gross gewesen sei. Wie dem auch sei, zumindest etymologisch ist die Schreibweise Vitsentzos richtiger. Diese Schreibweise ist denn auch im Schrifttum vorherrschend.

Ich habe im Zusammenhang mit dem Possessivpronomen angedeutet, dass es nicht nur zwischen der allgemeinen griechischen Volkssprache und dem Kretischen Unterschiede gibt (darüber liesse sich eine ganze Abhandlung schreiben), sondern auch solche innerhalb der kretischen Mundart, z.B. zwischen den Idiomen Ost- und Westkretas. Allgemeinkretisch ist indes ein Charakteristikum, das man im Griechischen Tsitakismos nennt und dem im Rahmen der hiesigen Darlegungen grosse Bedeutung zukommt. Wie bemerkt, sagen die Kreter, wenn sie ihren Dialekt sprechen, nicht kai (ke) (und), sondern tsche. Sie sagen auch nicht provataki (Schäfchen), sondern provatatschi; nicht Kritikaki (Kreterlein), sondern Kritikatschi. Im Deutschen heisst dieses Phänomen Zetazismus oder Assibilierung (Assibilation). Dabei verwandelt sich ein Verschlusslaut (in obigen Beispielen der k-Laut) in einen Zischlaut. Bei der näheren Begriffsbestimmung des Tsitakismos bzw. des Zetazismus machen sich gewisse Unterschiede bemerkbar, auf die ich hier aber nicht einzugehen brauche.

Der Tsitakismos ist in hohem Ausmass daran „schuld", dass die Kreter den wunderschönen eigenen Dialekt in gewissen Fällen als Bürde empfinden. Der Grund dafür liegt darin, dass sich nichtkretische Griechen über den Tsitakismos nicht selten lustig machen. Die Verspottung ist meistens nicht bös gemeint. Sie kann sogar mit einer gewissen Zärtlichkeit („ta Kritikatschia mas“, „unsere Kreterlein“) verbunden sein. Trotzdem führt sie in manchem Fall dazu, dass sich die Verspotteten beleidigt fühlen oder geniert sind. Sie kommen sich etwa als „Provinzler“ vor, als „ungeschliffene Bauern“, über die sich die „gehobenere Schicht“ (die „hochnäsigen Athener“) mockieren. Das Ergebnis ist dann, dass die Verspotteten versuchen, den kretischen Akzent abzulegen. Meine Mutter, die mich, wie gesagt, mit „Erotokritos“-Versen in den Schlaf wiegte, war sichtlich bemüht, diesen Akzent zu unterdrücken. Meine Eltern lebten von 1916 an ausserhalb Kretas (mein Vater war in jenem Jahr dem Appell Eleftherios Venizelos’ gefolgt und hatte sich dessen nationaler Erneuerungsbewegung in Thessaloniki, der sogenannten Ethniki Amyna, angeschlossen). Sie passten sich ihrer neuen sprachlichen Umgebung an.

Die Verspottung des Andersartigen ist leider keine Seltenheit – weder in Griechenland, noch anderswo. Man denke etwa an die Ostfriesenwitze! Was die Kreter anlangt, hat das Belächeln des Tsitakismos eine lange Geschichte. Der berühmte deutsche Gräzist Martin Kraus (Martinus Crusius) (1526-1607) hinterliess uns ein sehr interessantes Zeugnis dafür. Crusius war Griechisch- und Lateinprofessor an der Universität Tübingen. Er war zu jener Zeit fast der einzige westliche Gelehrte, der sich mit den griechischen Verhältnissen beschäftigte. Er stand in lebhaftem Briefwechsel mit der damaligen griechischen Geistlichkeit in Konstantinopel, wobei er den Plan eines Schulterschlusses der evangelischen Kirche mit der Ostkirche zur Bekämpfung des Katholizismus unterstützte. Crusius’ Werke „Turcograeciae libri VIII“ (1584) und „Germanograeciae libri VI“ (1585) enthalten viele Informationen über den Zustand der griechischen Sprache und Kirche im 16. Jahrhundert, die für die Gräzistik heute noch wichtig sind.

In seiner „Turcograecia“ macht Crusius folgende Angaben über den kretischen Dialekt: Die Kreter werden wegen ihrer Aussprache von den übrigen Griechen verspottet. Sie werden wegen des im Kretischen häufig vorkommenden Zischlauts (Crusius drückt diesen Laut mit der Verbindung der griechischen Buchstaben Tau und Zeta aus) tzopeloi genannt. Als Beispiel für diesen Sprachgebrauch führt Crusius unter anderem das oberwähnte provatatschi (Schäfchen) an, wobei er wiederum die Verbindung von Tau und Zeta benutzt. Das Kretische wird an der betreffenden Stelle der „Turcograecia" als für die übrigen Griechen schwer verständlich bezeichnet. Auf den Inseln besteht grosse Vielfalt griechischer Dialekte. Diese sind mit vielen „barbarischen Wörtern" („multa Barbara verba") vermischt. Im Zusammenhang mit dem kretischen Dialekt ist bei Crusius von einer „verderbten" Sprache die Rede. Es wird dabei das Wort corruptus verwendet.

Crusius' obiger Bericht stützt sich auf Angaben griechischsprachiger Informanten. Laut dem Forscher Konstantinos Sathas (1842-1914) stammen diese Informationen von den Gebrüdern Loukas und Andreas Argyros aus Theben, laut Xanthoudidis und anderen Autoren vom Zyprioten Stamatios Donatos. Crusius gewährte Donatos (oder, wenn man auf eine mögliche italienische Herkunft der Familie abstellt, Donato) 1579 Gastfreundschaft, nachdem dieser seine von den Osmanen eroberte Heimatinsel Zypern verlassen hatte. Laut der zypriotischen Forscherin Themis Siapkara-Pitsillidou war Donatos mit einem unbekannten Repräsentanten des sogenannten Petrarkismus auf Zypern befreundet. Unter Petrarkismus auf Zypern versteht man die sich an Gedichte des Francesco Petrarca (1304-1374) und dessen Nachahmer anlehnende Poesie. Die Liebesgedichte aus dem 16. Jahrhundert, um die es in diesem Zusammenhang geht, sind im zypriotischen Dialekt verfasst – einem Dialekt, der mit dem Kretischen in vielem verwandt ist.

Die im Crusius-Bericht vorkommenden Ausdrücke „Barbara verba" und „corruptus" dürfen nicht allzu eng in der heute üblichen abschätzigen Bedeutung des Barbarischen und Verdorbenen verstanden werden. Barbar war ursprünglich der Nichtgrieche. Und unter dem Ausdruck „verderbte" Sprache könnte ohne moralische Bewertung eine vom Altgriechischen abweichende (in diesem Sinn „beschädigte") Sprache gemeint gewesen sein. Crusius mass ohne Zweifel den Wandlungen der Sprache Bedeutung bei, und im Rahmen seiner Forschungsarbeit unterschätzte er den Stellenwert der Dialekte keineswegs. Der hervorragende deutsche Gräzist scheint allerdings von einer formalistischen Idealisierung des Altgriechischen nicht ganz frei gewesen zu sein. Das gilt auch für bestimmte seiner griechischen Informanten, z.B. für Theodosios Zygomalas (1544- um 1614). Durch letzteren trat Crusius in Briefwechsel mit dem Patriarchen Jeremias II. in Konstantinopel. Theodosios (nicht Theodoros, wie bei Steven Runciman zu lesen ist) Zygomalas schrieb z.B. im Zusammenhang mit linguistischen Auskünften, die er Crusius auf dessen Bitte gab, dass die einst sehr weisen Athener, die ein reines Griechisch gesprochen hätten, nun viele Barbarismen benutzten. „Wenn du es hörtest, würdest du weinen." Zygomalas gab Beispiele an und qualifizierte die betreffenden Wörter als lächerlich.

Man kann sogar sagen, dass bestimmte griechische Informanten des Crusius viel antikisierender waren als dieser. In seiner Korrespondenz benutzte Crusius zwar selber eine archaisierende Sprache; aber er tat dies nicht zuletzt deshalb, weil er nach eigenen Angaben des Volksgriechischen nicht so mächtig war, wie er es eigentlich gewünscht hätte. Zudem scheint er auf die Empfänger seiner Briefe Rücksicht genommen zu haben. Andererseits unterstrich Crusius in einem vom 21. Januar 1575 datierten Schreiben an Theodosios Zygomalas, dass er es nicht gut finde, nur von der „alten und echten hellenischen Sprache" Kenntnisse zu haben und des Demotischen unkundig zu sein. In diesem Zusammenhang bemerkte Crusius, dass das Neue Testament in der Volkssprache überliefert worden sei – eine Bemerkung, die mit dem reformatorischen religiösen Engagement von Crusius zusammenhängt. Crusius kann alles in allem nicht als Attizist im strengsten Sinne des Wortes bezeichnet werden. Er benutzt aber stellenweise eine Terminologie, die – unabhängig von seinen Intentionen – den Eindruck des Sprachpurismus erweckt.

Eine eingehendere Behandlung der Einstellung des Crusius zum Volksgriechischen und dessen Dialekten würde die Grenzen der hiesigen Darlegungen sprengen. Betont sei nur, dass er in einer Zeit lebte und wirkte, in der die Benutzung einer uns heute fragwürdig erscheinenden Terminologie gang und gäbe war: lingua graeca vulgaris, philologia barbaro-graeca etc. Dabei drückte die etymologische Anknüpfung an die Wörter vulgus und barbarus nicht unbedingt Verachtung aus. Andererseits bedeutet vulgus sowohl das Volk als auch die Plebs (Pöbel), barbarus sowohl den Fremden als auch den Ungebildeten. Vulgäres Griechisch kann wegen dieser Zweideutigkeit sowohl gewöhnliches als auch niedriges Griechisch meinen. Ähnlich verhält es sich mit dem Adjektiv gemein im Deutschen. Hier lauert die Gefahr der Betrachtung der Volkssprache und der Volksdialekte von oben herab. Crusius nahm in manchem Fall die Zeugnisse seiner Informanten auf, ohne sich von diesen klar und deutlich zu distanzieren. Dazu trug der Umstand bei, dass er sich im Volksgriechischen unsicher fühlte. Gerade wegen dieser Unsicherheit muss man zum Beispiel die Wiedergabe des kretischen Zischlautes durch die Verbindung von Tau und Zeta mit Vorsicht aufnehmen. Hörte er den Zischlaut richtig? Tönte der betreffende Laut beim Schäfchen ds? Oder eher tsch bzw. dsch?

Was die Vermischung der Inseldialekte mit vielen fremden („barbarischen“) Wörtern anlangt, ist daran zu erinnern, dass das Kretische im Vergleich mit den Idiomen anderer Gegenden Griechenlands „reiner“ geblieben ist. Wie gesagt, gilt dies z.B. hinsichtlich der slawischen Einflüsse. Während der Zeit des Crusius gab es im Kretischen allerdings nebst den altertümlichen Überbleibseln auch etliche türkische und italienische Wörter. Xanthoudidis neigt dazu, die fremden sprachlichen Einflüsse herunterzuspielen. Nicht zu Unrecht betont er, dass die sprachlichen Spuren der Herrschaft der Araber minim seien. Er geht indes entschieden zu weit, wenn er im Zuge seines eigenartigen Sprachpurismus vorschlägt, Wörter wie porta (Tür) und kamera (Zimmer) nicht als italienisch zu bezeichnen, sondern als latinohellenisch oder gar byzantinisch! Der Sprachpurismus des Xanthoudidis ist vor allem deshalb eigenartig, weil der „Erotokritos"-Herausgeber einerseits das kretische Idiom innigst liebt, sich andererseits in seiner Einführung und seinen Kommentaren der Katharevusa bedient. Das gilt auch für den hervorragenden kretischen Linguisten Georgios Chatzidakis (Hatzidakis) (1848-1941).

Die oben besprochene Stelle der „Turcograecia" über den kretischen Dialekt wirft Fragen auf, die der näheren Untersuchung bedürfen. Doch eines ist sicher: Die Erwähnung der Verspottung des Tsitakismos/Zetazismus ist historisch lehrreich. Doch nicht nur historisch, sondern auch kulturpolitisch. Sie zeigt, wie notwendig es ist, die Vorurteile über das Fremdartige zu überwinden und zur Erkenntnis zu gelangen, dass die kulturelle Vielfalt Reichtum bedeutet. Die Kreter dürfen auf ihren geschichts- und kulturträchtigen Dialekt stolz sein. In bezug auf ihre Mundart gilt nach wie vor das, was Aretusa sagt: „Die Worte haben die Gabe, jedes Herz zu trösten. Wer mit Wissen und Können spricht, der bringt es fertig, dass die Augen der Menschen weinen und lachen."

Chatzidakis, Wilamowitz und die Kreter

Es war bereits von der Haltung altertümelnder Griechen die Rede, die den kretischen Dialekt verachteten. Ich erinnere an den Philologen Georgios Mistriotis, der den „Erotokritos" als „Lektüre der Dienstmädchen" brandmarkte. Es gab allerdings auch bemerkenswerte Ausnahmen, d.h. Gelehrte, die bei aller Vorliebe für die antikisierende Sprache den Wert der kretischen Mundart zu schätzen wussten. Zu diesen Ausnahmen zählt der schon erwähnte Linguist Georgios N. Chatzidakis (Hatzidakis). Er wurde 1848 im Dorf Myrthio[n] (Bezirk von Rethymno[n]) geboren und starb 1941 im von den Nazis besetzten Athen. Chatzidakis studierte an der Universität Athen (1873-1877) und später (1878-1882) in Deutschland (Leipzig, Jena und Berlin). 1885-1890 war er ausserordentlicher, 1890-1923 ordentlicher Professor an der Athener Universität. 1926 wurde er Mitglied der Athener Akademie, die als die höchste wissenschaftliche und kulturelle Institution des Landes gilt.

Chatzidakis war ein hochbegabter Sprachwissenschaftler. Seine in Leipzig 1892 erschienene „Einleitung in die neugriechische Grammatik" dokumentierte, dass er sich der Bedeutung der Volkssprache durchaus bewusst war. Chatzidakis beanstandete deutlich die Vernachlässigung der Volkssprache durch den archaisierenden Klassizismus. Schon im Vorwort des erwähnten Werkes hob er die Notwendigkeit der Erforschung des Neugriechischen hervor. Und er verurteilte die vorgefasste Irrlehre, von welcher „jede Entwicklungsphase des Griechischen, d.h. jeder Unterschied von dem klassischen Attisch, als eine Verderbnis betrachtet und missachtet" wurde. Die „Einleitung in die neugriechische Grammatik" wimmelt von Bemerkungen über die Volkssprache und die Mundarten (natürlich auch das Kretische) – Bemerkungen, die heute noch grossenteils von wissenschaftlichem Wert sind. Chatzidakis hatte ein erstaunlich empfindsames Ohr für den Volksmund. Trotzdem bekannte er sich zum Sprachpurismus.

Dieser namhafte kretische Linguist verstand sich nur als Dimotiki-Forscher, nicht auch als Befürworter der Volkssprache. 1926 gab er einem Zeitungsartikel von ihm über die Sprachfrage den bezeichnenden Titel: „Warum ich ein Dimotikistis (Anhänger der Dimotiki, der Volkssprache) bin und dennoch nicht in der Dimotiki schreibe." Chatzidakis plädierte für eine offizielle „gehobenere" Sprache, deren Pflege das Nationalgefühl fördere. Diese seine Einstellung hing nicht zuletzt mit seinem nationalen Engagement zusammen, von dem noch die Rede sein wird. Der „Patriarch" der Dimotiki-Bewegung, Jannis Psycharis, griff in seiner 1929/37 erschienenen dreibändigen „Grossen romäischen (griechischen) wissenschaftlichen Grammatik" Chatzidakis auf ungebührliche Art und Weise an. Sein Vorwurf aber, Chatzidakis schreibe in einer Sprache, die er selber nicht für lebendig und fruchtbar halte, war zweifellos begründet.

In der „Einleitung in die neugriechische Grammatik" vertrat Chatzidakis hinsichtlich der Idiome folgende Ansicht: Das Neugriechische ist in zwei grosse Teile geteilt, in das Nord- und das Südgriechische. Die Grenzen sind nicht überall sicher zu ziehen. Es gibt Idiome, die eine Mittelstellung zwischen dem Nord- und dem Südgriechischen einnehmen. Das kretische Idiom gehört zum Südgriechischen. Laut Chatzidakis besteht der „gewaltige, fundamentale Unterschied zwischen beiden Gruppen" darin, dass im Nordgriechischen die unbetonten Vokale geschwächt (oder sogar überhaupt nicht) ausgesprochen werden, währenddem im Südgriechischen „eine jede Silbe, betont oder unbetont, mit derselben Mora und Deutlichkeit ausgesprochen wird, und ein jeder Vokal ganz rein... gehört wird". Chatzidakis macht in seinem Werk Differenzierungen, auf die nicht eingegangen werden kann. Zum Verständnis des Kerns seiner Unterscheidung zwischen dem Nord- und dem Südgriechischen sei nur ein Beispiel angegeben: Das Wort pedi (Kind) spricht der

Nordgrieche pdi aus, der Südgrieche unterschlägt den Vokal e nicht.

Ich habe bereits erwähnt, dass der Kreter Chatzidakis in seiner „Einleitung in die neugriechische Grammatik" zahlreiche Beispiele aus dem Kretischen anführt. Dass er der Mundart seiner engeren Heimat grosse Bedeutung beimass, steht ausser Frage. Das ist auch aus der Tatsache ersichtlich, dass er unter anderem eine Abhandlung über die Sprache und die Grammatik des „Erotokritos" verfasste, die Xanthoudidis in seine Edition aufnahm. In verschiedenen Studien betonte Chatzidakis die Kontinuität der griechischen Sprache. Im Rahmen eines diesbezüglichen Beitrags unterstrich er einmal, dass der heutige Kreter nur wenige der rund 3000 Wörter des „Erotokritos" im Alltag nicht gebrauche und weniger als zwanzig nicht mehr verstehe. „Der heutige Kreter betrachtet den ‚Erotokritos' als seine eigene Sprache." Andererseits machte Chatzidakis in seiner „Einleitung in die neugriechische Grammatik" bezüglich des Kretischen einige Bemerkungen, welche die Zwiespältigkeit dieses „theoretischen Dimotikistis" und „praktizierenden Sprachpuristen" illustrierten.

An einer Stelle der „Einleitung" schrieb Chatzidakis, dass die Griechen, vor allem auf Zypern und Kreta, oft versucht hätten, das von ihnen damals gesprochene Griechisch (das Griechisch der Zeit, während welcher sie unter französischer bzw. italienischer Herrschaft lebten) zu schreiben. Aber diese Versuche seien erfolglos geblieben, denn die betreffenden Mundarten seien allzu stark durch lokale Farben und Formen charakterisiert und deshalb den meisten Griechen schwer verständlich gewesen. Keine dieser Mundarten habe als Schriftsprache der ganzen Nation angesehen werden können. Eine einzige gemeinsame Schriftsprache sei aber für die Wiedererrichtung eines Staates notwendig gewesen. Diese Wiedererrichtung habe eine Hoffnung gebildet, „welche die Griechen, im schroffen Gegensatz zu den anderen Völkern des türkischen Reiches, niemals aufgegeben haben". Ausserdem seien alle diese in den Lokalidiomen verfassten Werke „meist wertlos und tragen keine Spur von echtem Nationalgeist und Nationalcharakter: sie sind im Gegenteil meist schlecht ausgeführte Nachahmungen von fremden schwachen Originalen“. Laut Chatzidakis konnten die besagten Literaturwerke also „schwerlich je zum Nationalgut werden und ihre Sprache – die ausserdem, wie gesagt, eine allzu buntscheckige war – auf alle Griechen übertragen.“ „Diese Schwierigkeit wurde aber sehr bald zur vollen Unmöglichkeit, als Cypern und Kreta erobert und zerstört wurden. So sind also auch die Zeiten der Frankenherrschaft der Entstehung einer Nationalliteratur und Nationalsprache sehr ungünstig gewesen.“

Chatzidakis erwähnte zwar an der zitierten Stelle den „Erotokritos“ nicht ausdrücklich. Offenbar teilte er aber die Vorurteile betreffend den ästhetischen und nationalen Wert des Werkes von Kornaros, die in den Gelehrtenkreisen damals keine Seltenheit bildeten. Auch hier war Chatzidakis zwiespältig. Auf der einen Seite wusste er die Bedeutung des Kretischen zu schätzen. Auf der anderen Seite blieb ihm die Potenz der Literatur Kretas während der Venezianerzeit verschlossen. Er sah die betreffende Kulturblüte nicht, die übrigens, entgegen der Meinung Chatzidakis’, zugleich auch eine nationale Leistung im guten Sinne des Wortes darstellte. Der namhafte Linguist irrte ferner, als er die Schwierigkeiten überbetonte, die sich bei der Rezeption der besagten Literaturwerke durch die übrigen Griechen zweifellos bemerkbar machten. Im Vorwort seiner „Einleitung“ nahm Chatzidakis zu Recht gegen „tief eingewurzelte vorgefasste Meinungen“ Stellung. Doch zu einem guten Teil war er selber ein Gefangener derartiger Meinungen. Das schmälert freilich seine Verdienste auf dem Gebiete der Forschung des Neugriechischen nicht.

Chatzidakis stand mit dem weltberühmten deutschen Altphilologen Ulrich von Wilamowitz-Moellendorff (1848-1931) in Verbindung. Er orientierte diesen über das Projekt der Herausgabe eines Thesaurus (eines umfangreichen Wörterbuches) des Griechischen. Wilamowitz drückte in einem Schreiben seinen „vollen Beifall" aus. Der Brief datiert vom 20. November 1909. Er könnte eventuell auch vom 20. Februar 1909 datiert sein, denn es ist nicht ganz klar, ob Wilamowitz die arabische Zahl 11 oder aber die römische Zahl II benutzt hat. Ich besitze eine Photokopie dieses Briefes, die mir Lilly Anagnostopoulou (eine inzwischen verstorbene Verwandte Chatzidakis') freundlicherweise zur Verfügung gestellt hatte. Ein Ausschnitt aus diesem historischen Dokument ist in unserem Zusammenhang hochinteressant. Ich gebe den betreffenden Passus nicht in der Orthographie des Verfassers wieder. Insbesondere befolge ich auch nicht seine Interpunktion. Wilamowitz hatte seine eigenen Schreibgewohnheiten.

Wilamowitz erteilte Chatzidakis hinsichtlich des Thesaurus folgende Ratschläge: „Praktisch muss man das anfangen. Grimm gibt da die Richtungslinie. Nehmen Sie die lebendige Sprache, aber erstrecken Sie deren Geltung weit zurück, meinethalben bis auf die Zeit des Photios (nicht bis Justinian, da gibt's noch zuviel Poesie in toter Sprache) und konstatieren Sie dann bei allen Wörtern aus dem paraten Material, ob und wie das Wort vorher vorkam. Damit ist die Etymologie, soweit sie das alte Sprachgut angeht, abgetan. Natürlich müssen die Fremdwörter mitgehn, aber die Eigennamen nur als besonderes Lexikon. Dann muss eine beschränkte Zahl Autoren aus allen Zeiten verzettelt werden, sonst von sachkundigen Leuten exzerpiert. Sehr stark aber muss der Volksmund befragt werden. Überhaupt das Lebendige mehr als das Tote, d.h. buchmässig Verbreitete, z.B. die Kirchensprache ist mit ein paar Belegen unter Angabe Bibel oder alte Liturgie oder Bekenntnisschrift gut erledigt. Aber es ist allerdings auch ein nationaler Zweck berechtigt. Und es hat meinen vollen Beifall, dass das griechische Volk die Aufgabe angreift, mit der es glänzend zeigen wird, dass es eine Kulturentwicklung besitzt, wie kein anderes, die es dank der Kraft des Volkes und der Beihilfe der Kirche auch in Zeiten bewahrt hat, wo es an der Oberfläche der Geschichte nicht erschien. Es muss ja sehr oft das echt

Griechische nur mit Volksliedern und aus dem Volksmunde belegt erscheinen, während andererseits Fremdwörter jahrhundertelang gelten, die nun wieder verschwunden sind. Grade die Fremdwörter sind geschichtliche Dokumente, an denen sich bewährt, dass Ihr Volk als Volk den Bibelspruch auf sich anwenden darf: sie haben mich viel gedränget, aber sie haben mich nicht übermocht."

Natürlich mutet der romantisch-philhellenische Tenor des Briefes heute antiquiert und überholt an. Wie ich in meinem Buch „Für eine Hellenistik mit Zukunft" ausführe, wies Wilamowitz' Glaube an die Macht und den Wert der Antike unter dem Gesichtspunkt eines echten Humanismus manche schwache Stelle auf. Die Ideologie des grossen deutschen Altertumsforschers enthielt Elemente, die einem wirklich freien und demokratischen politischen System widersprachen. Wilamowitz plädierte für die „Herrschaft der Tüchtigen, auch wenn sie Tyrannen sind". Ja, er schrieb einmal ausdrücklich vom „physischen und moralischen Schmutz vieler Juden". Es ist daher nicht verwunderlich, dass der Nationalsozialismus versuchte, sich das geistige Erbe Wilamowitz' anzueignen. Ungeachtet dieser schwerwiegenden Bedenken betreffend das politische Denken Wilamowitz' kommt jedoch dem zitierten Passus seines Briefes an Chatzidakis insofern erhebliche Bedeutung zu, als darin der deutsche Gelehrte durchaus zu Recht die Kontinuität der griechischen Sprache einschliesslich all ihrer Varianten im Laufe der Jahrhunderte hervorhebt. Die Erhaltung der Sprache als Ausdruck der kulturellen Identität des Hellenentums ist ein überzeugendes Argument, während die Anrufung der Reinheit des Blutes zu zweifelhaften, ja sogar gefährlichen Mythen verführt.

Das Schreiben von Wilamowitz an Chatzidakis ist indes auch in einer anderen Beziehung hochinteressant. Hochinteressant gerade im Rahmen der hiesigen Darlegungen, die Kreta zum Gegenstand haben. Hier ist ein historischer Exkurs notwendig. Wie erwähnt, ging die Venezianerherrschaft auf Kreta 1669 zu Ende. Die Insel wurde von den Osmanen erobert. Bestimmte venezianische Festungen auf der Insel gerieten nach 1669 in die Hände der Türken. Nach der Übergabe Candias an die Osmanen (1669) kam es auf Kreta zur Islamisierung eines grossen Teils der Bevölkerung, unter anderem auch durch rigorose Anwendung des Systems der Knabenlese. Dieses System sah vor, dass Christenknaben ihren Familien entrissen, islamisch erzogen und teils für den Dienst beim Sultan oder in der Verwaltung, teils für das Janitscharenheer („Yeni Tscheri": „Neue Truppe") ausgebildet wurden. Die kretischen Janitscharen wurden im Laufe der Zeit zu einer schrecklichen Plage in viel höherem Ausmass als in den anderen Gegenden des Osmanenstaates. Später schrieb Franz Wilhelm Sieber (1789-1844) in seinem Kreta-Reisebuch, dass die Insel die am schlechtesten verwaltete Gegend des Osmanenstaates sei. „Sieber wurde zwar in einem Nachruf als ‚Reisender' bezeichnet, aber in seinem Selbstverständnis war er, obwohl er niemals einen akademischen Grad erlangt hatte, in erster Linie reisender Arzt, Naturforscher und Ethnograph" (Thomas Balistier).

Der nach dem Freiheitskampf von 1821 entstandene neugriechische Staat, der 1830 im Londoner Protokoll anerkannt wurde, umfasste zunächst nicht auch Kreta. Die Kreter, die sich mit Begeisterung dem gesamtgriechischen Nationalkampf von 1821 angeschlossen hatten, konnten an der ersehnten Freiheit nicht Anteil haben. Die Insel wurde den Ägyptern überlassen, die von den Türken zur Hilfeleistung gegen den Griechenaufstand gerufen worden waren. Zehn Jahre nach dem Londoner Protokoll von 1830 waren die Türken wieder Herrscher auf Kreta. Für das kretische Volk folgte eine Periode der Erhebungen und Enttäuschungen, des Leidens und des Blutvergiessens. Das „wiedergeborene Hellas" sah sich 1866-1869 mit der heiklen Frage des kretischen Aufstands gegen die Türkenherrschaft konfrontiert. Jene Revolution auf Kreta erreichte durch die Aufopferung der Freiheitskämpfer im Kloster Arkadi (1866) einen dramatischen Höhepunkt. Die Vereinigung der Insel mit dem „Mutterland" blieb aus. Nach der Revolution der

Jahre 1866-1869 führten weitere Aufstände auf der Insel (1878, 1889, 1895 und 1897) zum Eingreifen Griechenlands (1897). Die Verwicklung des „Mutterlandes" in einen Krieg mit der Türkei endete jedoch mit einer Niederlage. Es war eine Zeit der nationalen Demütigung, von welcher der Dichter Kostis Palamas in einem sprichwörtlich gewordenen Vers sagte: „Alle Feuer im Lande sind erloschen..."

In der Kretafrage tat sich Eleftherios Venizelos als charismatischer Revolutionär und Politiker hervor. Der Beginn seiner Aktivität auf seiner Heimatinsel fiel in die turbulente Zeit nach dem Versuch des Sultans, sich über fundamentale Bestimmungen des Vertrags von Chalepa (Oktober 1878) hinwegzusetzen. Jener Vertrag gewährleistete den Kretern bestimmte Verfassungsrechte, eine Art Halbautonomie. 1897 nahm Venizelos am kretischen Aufstand für die Vereinigung der Insel mit Griechenland aktiv teil. 1898 erhielt Kreta den Status der Autonomie unter einem Hochkommissar, Prinz Georg, dem zweitältesten Sohn des griechischen Königs. Die Insel stand unter türkischer Oberhoheit. Als Prinz Georg im Dezember 1898 kretischen Boden betrat, wurde ihm ein warmer Empfang bereitet, den Nikos Kazantzakis eindrucksvoll beschrieben hat: „In den Tavernen tranken die Kreter, sangen, tanzten, spielten die Fiedel..." In der Autonomie sahen die Kreter den ersten Schritt zum ersehnten Anschluss an das „Mutterland".

Auf dem autonomen Kreta (Kritiki Politia) arbeiteten Prinz Georg und Venizelos zunächst harmonisch zusammen. In der ersten Regierung war letzterer Justizrat (Justizminister). Im Laufe der Zeit kam es aber zu Meinungdivergenzen zwischen den beiden Männern und dann zum offenen Bruch. 1905 führte die nationale und innenpolitische Krise schliesslich zum bewaffneten Aufstand von Theriso[n], der von Venizelos und anderen Oppositionellen angeführt wurde. Als das kretische Parlament 1908 die Enosis (die Vereinigung mit Griechenland) proklamierte, wurde Venizelos Mitglied des fünfköpfigen Exekutivkomitees, das als eine Art provisorische Regierung fungieren sollte. Venizelos wurde im

Oktober 1910 in Athen als Ministerpräsident Griechenlands vereidigt. Er war von einer Militärliga berufen worden, die sich 1909 gegen das regierende alte „Establishment" erhoben hatte. 1909 gilt als eine grosse historische Zäsur in der Geschichte Griechenlands. Mit Venizelos an der Spitze der Regierung wurden in der Periode 1910-1914 grundlegende Reformen auf den Gebieten der Verwaltung, der Justiz, des Schul- und Militärwesens durchgeführt. In Zusammenhang damit gelang es Venizelos, durch eine geschickte Aussenpolitik das Territorium Griechenlands in hohem Masse zu erweitern. Trägerin der erwähnten Reformen und der damit verbundenen aussenpolitischen Strategie war die von Venizelos angeführte Partei der Liberalen.

Der reformerische Wille der venizelistischen Bewegung kam nicht zuletzt auch in einer 1911 erfolgten Verfassungsrevision zum Ausdruck, wobei der Schutz des Individuums vor dem Staat gestärkt und die Institution der Enteignung zur Ausstattung landloser Bauern verankert wurde. Die soziale Komponente des Venizelismus manifestierte sich ferner auf dem Gebiet des Arbeitsrechtes. In der Venizelos-Ära errang das Bürgertum innerhalb des griechischen sozialen Gefüges die Vorherrschaft. Dem Bürgertum folgten in jenen denkwürdigen Jahren die Bauernschaft und die noch mit ihren „Kinderkrankheiten" ringende Arbeiterklasse weitgehend. Wegen der relativen Schwäche der bürgerlichen Schicht waren freilich dem venizelistischen Liberalismus von Anfang an deutliche Schranken gesetzt. Im Laufe der Zeit nahm der sozialpolitische Impuls des Venizelismus ab.

Am 1. Oktober 1912 (nach dem neuen [gregorianischen] Kalender am 14. Oktober 1912) willigte Venizelos, der bisher aus Gründen der Staatsraison trotz seiner persönlichen Bande zu Kreta gegen die Vertretung der Bevölkerung Kretas im griechischen Parlament Stellung bezogen hatte, in die Aufnahme der Kreter ins Abgeordnetenhaus ein. Wenige Tage später erklärte Griechenland, mit anderen christlichen Ländern des Balkans verbündet, dem Osmanischen Reich den Krieg: Der unter Vermittlung der Grossmächte am 17./30. Mai 1913 in London unterzeichnete Präliminarfriedensvertrag schränkte die europäischen Besitzungen der Türkei auf einen kleinen Gebietsstreifen im Vorfeld Istanbuls ein. In jenem Vertrag verzichtete die Hohe Pforte (die Regierung des Osmanischen Reichs) ausdrücklich auf jegliches Recht auf Kreta.

Als Wilamowitz sein oberwähntes Schreiben an Chatzidakis richtete, gehörte Kreta also noch nicht zu Griechenland. Die Kretafrage bewegte die Gemüter der Griechen. Und insbesondere bewegte sie das Gemüt des Kreters Chatzidakis, der an den Aufständen von 1866 und 1897 auf seiner Heimatinsel aktiv teilgenommen hatte. Es ist sehr wahrscheinlich, dass Chatzidakis gegenüber Wilamowitz seinen innigen Wunsch nach der Enosis Kretas mit Griechenland geäussert hatte. Und der deutsche Altphilologe bezog sich wohl auf diesen Wunsch, als er seinen Brief von 1909 mit folgenden Zeilen einleitete: „Verbindlichen Dank für Ihre freundliche Sendung und Ihre geschickte Übersetzung. Freilich für Kreta gilt mein Urteil zur Zeit noch nicht: da ist der Gegensatz gegen die Turkokratie viel zu lebendig, und da muss lange Zeit verstreichen, ehe man die Lage in Asien ruhig auffassen kann. Da ist die praktische Aufgabe, die noch im Lande lebenden Muhammedaner, die ja nur zu kleinem Teile der Rasse nach Türken sind, gerecht zu behandeln; langsam wandern sie aus oder werden absorbiert. Und da ist der Wunsch nach der Angliederung (P. T.: Kretas an Griechenland), der ja bei Fortgang der klugen Politik erreicht werden wird. Auf die Form muss man da wenig Gewicht legen."

Das Urteil von Wilamowitz über die Kretafrage war zwar vorsichtig-diplomatisch. Der deutsche Gelehrte kam indes den patriotischen Gefühlen seines griechischen Kollegen insofern entgegen, als er sozusagen prognostizierte, dass die Enosis „bei Fortgang der klugen Politik" erreicht werden könne. Er verband diese Äusserung mit der These von der weitgehenden phyletischen Verwandtschaft der muslimischen und der christlichen Kreter. Es ist interessant, dass sich hier Wilamowitz trotz seiner andersartigen Ideenwelt mit einer von Venizelos 1906 geäusserten Ansicht gewissermassen traf. Als Oppositionsführer auf Kreta sprach damals der spätere Premier Griechenlands davon, dass die Christen und die Muslime der Insel trotz des religiösen und des dadurch entstandenen nationalen Unterschieds Angehörige derselben Phyle (Rasse) seien. In geringem Ausmass fliesse in den Adern der Muslime Kretas türkisches Blut. Die gesamte kretische Bevölkerung gehöre jedoch der hellenischen Phyle an. Das zu schaffende grössere Griechenland werde auch Muslime umfassen, und die muslimischen Kreter seien wegen ihrer phyletischen Verwandtschaft mit den christlichen Inselbewohnern geradezu prädestiniert, als Brücke zwischen Christen und Muslimen im zukünftigen Hellas zu dienen. Dieses Hellas werde wegen des muslimischen Bevölkerungsteils Makedoniens weitgehend auch ein muslimischer Staat sein, in dem sich die Muslime ganz zufrieden fühlen würden.

Venizelos benutzte hier den Gedanken der Staatsnation als Mittel zur Assimilierung der Türken, wobei er bewusst von Muslimen sprach, also von der Religion und nicht von der Nationalität. Darin lag ohne Zweifel eine Pervertierung der Idee der Willensgemeinschaft. Zwar muss eingeräumt werden, dass das Wort Phyle im Griechischen je nach Kontext Rasse, Stamm oder Volk bedeuten kann. Zur Bezeichnung der Rasse wird deshalb oft das Fremdwort „Ratsa" verwendet. Die Ungenauigkeit des Terminus Phyle hängt jedoch eben mit dessen undifferenzierter Benutzung zusammen. Zu Recht kritisierte der Historiker Apostolos E. Vakalopoulos die Verwendung dieses Wortes zur Bezeichnung des Griechenvolkes. Angesichts der Mehrdeutigkeit des Wortes Phyle überrascht es nicht, dass selbst Venizelos in vielen Fällen diesen Terminus benutzte, obschon er eigentlich richtigerweise die Nation als Willensgemeinschaft ansah.

Der venizelistische Nationalstaatsgedanke beruhte grundsätzlich auf Ernest Renans Auffassung, dass die Nation im Bewusstsein und nicht im Blut wurzle. Die Ansichten Venizelos' machten allerdings im Laufe der Zeit Wandlungen durch. Sein Bekenntnis zur sog. subjektiven Nationsdoktrin (die Ablehnung des auf sog. objektiven Kriterien beruhenden Volkstumsbegriffs) darf daher nicht verabsolutiert werden, zumal Venizelos' diesbezügliche Äusserungen offenbar auch mit taktischen Überlegungen zusammenhingen. Es ist andererseits bemerkenswert, dass Venizelos 1930 im Zeichen der damaligen griechisch-türkischen Freundschaftseuphorie öffentlich erklärte, das griechische und das türkische Volk seien phyletisch näher beieinander als allgemein angenommen werde.

Wie angedeutet, bestanden zwischen der Ideenwelt von Venizelos und derjenigen von Wilamowitz Unterschiede. Der kretische Staatsmann befürwortete in der Theorie grundsätzlich das Abstellen auf das Bewusstsein, der deutsche Gelehrte benutzte in seinem Brief an Chatzidakis das berüchtigte Wort Rasse und meinte wohl das ebenfalls bedenkliche Kriterium des im Blut wurzelnden Volkstums. Deswegen plädierte Wilamowitz zwar im Einklang mit Venizelos, wenn auch etwas verklausuliert, für die Vereinigung Kretas mit Griechenland, sprach indes von gerechter Behandlung, aber auch von Absorbierung, ja sogar von langsamer Auswanderung der muslimischen Kreter, während Venizelos 1906 von einem friedlichen Zusammenleben beider Volksteile auf der Insel sprach. Andererseits bezeichnete Venizelos damals die gesamte kretische Bevölkerung als hellenisch, während Wilamowitz einem kleinen Teil der kretischen Mohammedaner die türkische Nationalität konzedierte.

Venizelos träumte von einem Grossgriechenland, vom „Griechenland der zwei Kontinente und der fünf Meere". Diese seine „Megali Idea" („Grosse Idee") schien im Friedensvertrag von Sèvres vom 28. Juli/10. August 1920 verwirklicht zu sein. Doch es folgte 1922 die Niederlage der griechischen Armee in Kleinasien, die Kleinasiatische Katastrophe. Zwar darf jene Katastrophe keineswegs allein auf die Politik des kretischen Staatsmanns zurückgeführt werden. Aber es kann andererseits nicht ernsthaft bestritten werden, dass der Megali Idea-Kurs von Anfang an viele Imponderabilien in sich schloss. Nach dem (vorübergehenden) Abgang Venizelos' von der politischen Bühne im Jahr 1920 nahm jenes unsichere Unterfangen einen abenteuerlichen Charakter an. Näheres darüber finden die Interessierten in meiner „Neugriechischen Geschichte".

In Kleinasien stiessen der griechische und der türkische Nationalismus gerade deswegen mit Wucht aufeinander, weil beide Völker am Ort des tragischen Geschehens verwurzelt waren. Die türkische Führung unter Kemal Atatürk war damals effizienter, weil sie die Konstellation der internationalen Kräfte, insbesondere auch den Antagonismus zwischen dem leninistischen Russland und dem westlichen Imperialismus, geschickt ausnutzte. Schon wegen der demographischen Lage war die Kleinasien-Auseinandersetzung mit unsäglichem Leid für beide Seiten verbunden. Doch der grosse Leidtragende der Tragödie war das Griechentum jenseits der Ägäis. Infolge der Kleinasiatischen Katastrophe mussten rund anderthalb Millionen Griechen ihre Heimatstätten verlassen (Massenflucht vor den vorrückenden Türken, dann obligatorischer Bevölkerungsaustausch auf Grund des diesbezüglichen Lausanner Vertrags von 1922).

Der obligatorische Bevölkerungsaustausch war eine mit dem Recht auf Heimat unvereinbare radikale Konsequenz der Kleinasiatischen Katastrophe. Die Zwangsmassnahme entsprach im Grunde dem Bestreben nach erbarmungsloser Trennung zweier Völker, welche jahrhundertelang in Feindschaft, aber doch auch in enger Beziehung zueinander gelebt hatten. In Anwendung des besagten Lausanner Vertrags mussten auch die Kretatürken ihre Heimatstätten verlassen. Der Kreter Pantelis Prevelakis (1909-1986), ein hervorragender Repräsentant neugriechischer Literatur, schilderte 1938 in seiner „Chronik einer Stadt" (einem Buch, in dem das Bild Rethymnons von einst meisterhaft gezeichnet wird), zu welchen herzzerreissenden Szenen es kam, als die in Lausanne vereinbarte Zwangsmassnahme angewandt wurde. „Und man fragte sich", schreibt Prevelakis, „was für gottverdammte Bestien diejenigen sein müssen, die den Schmerz des Menschen verachten." Man liest die Schilderung Prevelakis' und realisiert, welches Unheil eine Politik anrichtet, die auf Grund „hämatologischer" oder sonstiger „objektiver" Kriterien die Menschen voneinander trennt und somit an der Menschenwürde vorbeigeht – jener Menschenwürde, für die Nikos Kazantzakis, wie wir noch sehen werden, in seiner „Griechischen Passion" überzeugend eintritt.

Nikos Kazantzakis' geistige Odyssee

Die neugriechische Literatur hat lange Zeit unter der Tatsache gelitten, dass das moderne Griechenland in mancher Hinsicht im Schatten der Akropolis und unter der Bürde seiner eigenen geschichtlichen Vergangenheit lebt. Nur wenigen Neugriechen war es beschieden, die Grenzen zu sprengen, welche durch diese Sachlage gezogen sind. Zu diesen wenigen gehört zweifellos Nikos Kazantzakis. Zwar ist dessen Schöpfung grösstenteils ausgesprochen „griechisch", in dem Sinne, dass sie Vergangenheit und Gegenwart Griechenlands zur eigenen Atmosphäre hat. Und doch findet dieser Dichter ein starkes Echo in Ländern, die von Griechenland geographisch und kulturgeschichtlich weit entfernt sind.

Der Name von Kazantzakis bildet heute einen Begriff für die Gebildeten vieler Länder. Seine Bücher werden fast auf der ganzen Welt gelesen. Sein Werk wurde nicht nur zum wichtigen Bestandteil der neugriechischen Literatur, sondern gleichsam auch zum Gemeingut der Menschheit. Wie ich in meiner „Neugriechischen Literatur" betone, ist es sogar so, dass Kazantzakis zunächst zum Weltruhm gelangen musste, um – konventionell gesehen – in seiner Heimat anerkannt zu werden. Heute noch wird der namhafte Kreter im griechischen literaturgeschichtlichen Schrifttum zum Teil stiefmütterlich behandelt. In seiner wiederholt revidierten „Geschichte der neugriechischen Literatur" widmet ihm K. Th. Dimaras nicht einmal eine ganze Seite. Und zur Begründung führt er das Argument ins Feld, Kazantzakis gehöre eigentlich nicht so sehr der Literaturgeschichte im engeren Sinne des Wortes an.

Trotz des Weltruhmes ist Kazantzakis im Ausland in mancher Hinsicht ein Unbekannter. Wertvolles Material, das sein Leben und seinen Werdegang beleuchtet, kennen selbst begeisterte Freunde Kazantzakis' nicht. Spärlich sind die fundierten Betrachtungen seiner Leistung. Die Situation illustriert die Beziehung des Auslands zur neugriechischen Literatur überhaupt. Es ist bedauerlich, aber man kann es nicht leugnen: Trotz aller wertvollen Bemühungen zur engeren Gestaltung der kulturellen Beziehungen Griechenlands mit dem Ausland hat man ausserhalb der griechischen Grenzen ein höchst lückenhaftes, einseitiges und nicht selten verzerrtes Bild von der neugriechischen Literatur. Das ist die Folge nicht nur objektiver Schwierigkeiten (Sprache usw.), sondern auch eines durch den Massentourismus begünstigten Dilettantismus. Darunter leidet selbst das „Image" eines so bedeutenden Dichters wie Kazantzakis.

Nikos Kazantzakis wurde am 18. Februar 1883 in Iraklio[n] geboren. Gegen die offenbar auf einer menschlichen Schwäche und seiner notorischen Angst vor dem Tod beruhende Behauptung des Dichters, er sei im Jahr 1885 geboren, spricht neben anderem eine eigenhändige Notiz in seinem Schülerheft. Sein Leben war sehr reich ausgefüllt: juristische Ausbildung in Athen (1902-1906), philosophische Studien in Paris (1907-1909), amtliche Praxis als Generaldirektor an dem von Eleftherios Venizelos neu gegründeten Fürsorgeministerium, zahlreiche Reisen, Schriftstellerei, Teilnahme an der liberalen Regierung Themistoklis Sofoulis als Minister ohne Portefeuille (1945), Dienst bei der UNESCO (1947-1948).

Als er am 26. Oktober 1957 in Freiburg i.Br. starb, hinterliess er ein Werk von imponierender Vielfalt: wissenschaftliche Abhandlungen (etwa seine 1930 erschienene zweibändige Geschichte der russischen Literatur), Übersetzungen ins Neugriechische (Homers „Ilias", in Zusammenarbeit mit Prof. Ioannis Th. Kakridis; Dantes „Göttliche Komödie", Goethes „Faust", Werke von Platon, William James, Friedrich Nietzsche, Johann Peter Eckermann, Charles Darwin, Henri Bergson u.a.), Reisebücher (fünf Bände unter dem Titel „Taxidevontas" [„Reisend"]: Italien, Ägypten, Sinai, Jerusalem, Zypern, Peloponnes, Spanien, England, Japan, China, Russland), Gedichte (vor allem das 33'333 Verse umfassende „Epos" „Odyss[e]ia" [„Odyssee"]), Schulbücher, Artikel für Zeitungen und Lexika, dramatische Werke (wie z.B. „Prometheus", „Julian Apostata", „Christus", „Konstantinos Paläologos") und schliesslich mehrere Romane („Alexis Sorbas"; „Griechische Passion", griechischer Originaltitel: „Christus wird wiedergekreuzigt"; „Freiheit oder Tod", Originaltitel: „O Kapetan Michalis"; „Die letzte Versuchung"; das französisch geschriebene Werk „Toda-Raba", ursprünglicher Titel „Moscou a crié" u.a.). Eine erschöpfende Kazantzakis-Bibliographie würde den Rahmen der hiesigen Ausführungen sprengen. Schon die obigen, notgedrungen dürftigen Hinweise zeigen jedoch, dass das breite Leserpublikum einen grossen Teil der Schöpfung von Kazantzakis nicht kennt. Bekannt ist in erster Linie der Romanschriftsteller, wozu nicht zuletzt die Verfilmung der „Griechischen Passion", vor allem aber des „Sorbas" („Zorbas") beigetragen hat.

Zur formalen Vielfalt der Schöpfung Kazantzakis' kommt eine bedeutendere, inhaltliche hinzu. Der Dichter fühlte sich keiner geschlossenen Ideologie oder Kunstauffassung verpflichtet: Jesus und Buddha, Homer und Dante, Nietzsche und Lenin, Darwin und Bergson, Shakespeare und Tolstoi zogen ihn gleichzeitig an, wobei es ihm oft weniger um den Gehalt der betreffenden Aussagen als vielmehr um die Ausstrahlungskraft der Persönlichkeit ging. Es ist nicht zufällig, dass Kazantzakis einigen seiner „Heiligen" eine Reihe von

Gedichten gewidmet hat. Diese „Tertsines" („Terzinen") haben den Sinn einer poetischen Hagiographie. Die Polyvalenz des Dichters ist teils von seiner Generation her zu verstehen. Der Bildungsuniversalismus war für viele Literaten der ersten Hälfte des 20. Jahrhunderts typisch. Er kennzeichnete auch die Haltung einer Reihe griechischer Intellektueller, die dadurch die Beschränktheit eines „unterentwickelten Landes" zu überwinden hofften. Die inhaltliche Vielseitigkeit des Kazantzakis ist aber auch zu einem guten Teil von dessen Subjektivität her zu verstehen. Der Dichter bediente sich der mannigfaltigsten Figuren, um sein eigenes Ich zum Ausdruck zu bringen.

In einem seiner Briefe an seine erste Frau, die linksgerichtete Erzählerin Galat[e]ia Kazantzaki (1886/1888-1962), schrieb Kazantzakis bezeichnenderweise folgendes: „Alles muss ich durchschreiten mit der Methode des mir eigenen Temperamentes, nämlich langsam und erschöpfend. Nur so kann ich vorwärtskommen, ohne hinter mich zu blicken. Wenn ich jetzt mit jemandem diskutiere und dieser sich bemüht, mich zu widerlegen, beeile ich mich, ihm alle seine eigenen Argumente aufzuzählen und ihm auch noch andere aufzuzeigen, die er nicht kennt. Und warum das? Weil auch ich selbst seinen Fall während Jahren erlebt habe und alle Geheimnisse dieses Falles kenne. Ich bin Anhänger der Reinsprache (Katharevusa) gewesen, Nationalist, Verfechter der Volkssprache (Dimotiki), Wissenschaftler, Dichter, Sozialist, Religionsfanatiker, Atheist, Ästhet, und nichts von alledem vermag mich zu täuschen."

Die Korrespondenz Kazantzakis' mit seiner ersten Frau ist für das Verständnis seines Werdegangs von grosser Bedeutung. Galatia Kazantzaki zeichnet zwar in ihrem Buch „Menschen und Übermenschen" ein Bild des „Odyss[e]ia"-Autors, das der von seiner zweiten Frau, Eleni Kazantzaki (geb. Samiou), verfassten dithyrambischen Biographie des Dichters („Le dissident" [„Der Dissident"]) diametral entgegengesetzt ist. Die Reminiszenzen von Galatia Kazantzaki sind indes trotz des deutlich spürbaren verbitterten Tenors in mancher

Hinsicht aufschlussreich, vorausgesetzt, dass man sie mit der nötigen kritischen Distanz liest. Mutatis mutandis gilt dasselbe auch für die Darlegungen von Eleni Kazantzaki.

An und für sich ist die Vielseitigkeit von Nikos Kazantzakis ohne Zweifel in mancher Beziehung problematisch, doch sie illustriert das geistige Ringen des Dichters. Der Hinweis auf die polyvalente Einstellung des Dichters geschieht denn auch hier nicht im Sinne einer bejahenden Bewertung, denn man darf die Grenzen nicht übersehen, die jedem Eklektizismus durch die Erfordernisse der Wahrheit und der Folgerichtigkeit gesetzt sind. Ich hebe die Vielfalt von Kazantzakis lediglich als Tatsache hervor, die gegen jene sowohl in Griechenland als auch im Ausland nicht selten vorkommenden Versuche einer einseitigen, notgedrungen zu Missverständnissen führenden Deutung seines Werkes spricht. Mit der Polyvalenz Kazantzakis' hängt die für das Verständnis seines Werkes bedeutsame Tatsache zusammen, dass seine ganze Schöpfung den Stempel des Denkers trägt. Künstler und Philosoph sind bei ihm eins. Zwar macht Kazantzakis aus der Kunst nicht ein Hilfsinstrument der Philosophie. Er leugnet den Dichter nie. Ohne den Denker Kazantzakis kann man aber den Dichter nicht verstehen.

Kazantzakis selber war sich über die unzertrennliche Verbindung von Dichter und Denker durchaus im klaren. In einem Brief an Galatia schrieb er: „Das ist – das war bis jetzt – meine Kraft: Denken und Schreiben. Das erste gelingt mir, ich scheue mich nicht, es zu sagen. Ich fühle, dass mein Geist sehr gefestigt, von sehr guter Qualität, sehr klar ist. Das zweite, das Schreiben, gelingt mir mässig. Meine Kunst ist nicht rein, echt, gross." Und in seinem Werk „Rechenschaft vor El Greco" (eigentlich: „Bericht[erstattung] an El Greco"), das keine Autobiographie sein will und in einem tieferen Sinn doch eine ist, bekannte der Dichter: „Je mehr ich schrieb, desto tiefer fühlte ich: indem ich schrieb, kämpfte ich nicht für die Schönheit, sondern für die Erlösung. Ich war kein wirklicher Schreibender, um mich am Schmücken eines schönen Satzes, am Zustandebringen eines reichen

Reimes zu freuen. Auch ich war ein Mensch, der litt und kämpfte und nach Erlösung suchte... Und deswegen rief ich die grossen Seelen herbei, welche die höchsten und schwierigsten Leistungen vollbracht haben, um zu erkennen, dass die Seele des Menschen alles besiegen kann, und so fasste ich Mut... Beim Schreiben ist mein Ziel nicht die Schönheit, sondern die Erlösung." Beachtenswert ist im letzten Satz die Präsensform, die Kazantzakis im Originaltext benutzte und in der deutschsprachigen Ausgabe durch das Imperfekt ersetzt wurde. Die Ist-Form unterstreicht, dass sich Kazantzakis bis zum Ende seines Lebens nicht als „Schönschreiber" fühlte.

Zeit seines Lebens rang der Dichter mit der Dimotiki, der Volkssprache, die er oft in seinen Briefen „Patrida" („Vaterland") nannte. „Die Volkssprache", schreibt er in seinem England-Reisebuch, „ist unsere Heimat. Nur wer unsere Volkssprache mit solcher Leidenschaft liebt, begreift, dass es nicht schadet, ohne Hilfe mitten in der Unkenntnis, Faulheit und Gleichgültigkeit des eigenen Volkes zu kämpfen." Die im Ausland verbreitete Meinung, Kazantzakis' Sprache beruhe auf dem kretischen Dialekt und sei deshalb für Griechen, die keine Kreter sind, schwer zu verstehen, ist, so allgemein formuliert, falsch. Kazantzakis verwendet zwar zahlreiche kretische Wörter; der Gebrauch des kretischen Idioms erstreckt sich aber bei ihm nicht auf die Syntax, die Formenlehre und die Phonetik. Seine Sprache ist im Prinzip die neugriechische gemeinsame Sprache. Das will nicht besagen, dass der Dichter einer eigenen Sprache entbehrte. Seine Werke büssen in den Übersetzungen etwas von ihrer Kraft ein, gerade weil sich die herbe Sprache ihres Schöpfers nicht übertragen lässt.

Die „Schwierigkeit" eines Teils der Schöpfung von Kazantzakis liegt weniger in der Verwendung idiomatischer Elemente und mehr im persönlichen Stil des Autors, der nicht selten dessen unaufhörliche Suche nach Formvollkommenheit verrät und somit an Natürlichkeit verliert. Das betrifft nicht so sehr die Romane oder die Reisebücher, sondern vor allem die „Odyssia“. Dieses „Epos“ wurde von Kazantzakis immer wieder neu geschrieben. Es stiess auf den Widerspruch nicht nur des Literaturkritikers Markos Avjeris, des zweiten Mannes von Galatia Kazantzaki, sondern auch des besten Freunds Kazantzakis’, Pantelis Prevelakis. Prevelakis sprach in bezug auf die „Odyssia“ von fehlender „spontaner Sensibilität“: „Die spontane Sensibilität ist vor dem Autoritarismus des Verstandes versunken.“ Im Vorwort zu den „Tertsines“ betonte der Dichter, er habe keinen Versuch gemacht, denjenigen zu gefallen, welchen „Sprache, Vers und Rhythmus“ seiner Lieder unerträglich seien.

Mit dem Ringen von Kazantzakis um Sprache und Formvollkomenheit (einem Ringen, das durch die Zweifel an der „Reinheit“ seiner Kunst verstärkt wurde) ging sein Kampf auf dem Gebiet der Ideen parallel. Im Laufe dieses Kampfes, den der aufmerksame Leser selbst in dem den Dichter stellenweise (zumindest verklausuliert) verspottenden Buch Galatias „Menschen und Übermenschen“ nachempfinden kann, durchschritt der stolze Kreter mehrere Stufen. Er befreite sich von seinem anfänglichen aristokratischen Nationalismus, liess sich vom Vitalismus Bergsons beeinflussen, gab sich der Verlockung des nietzscheistischen Übermenschentums hin, verschrieb sich der Untergangsstimmung Oswald Spenglers und flirtete mit Lenin, um zu einer Welt- und Lebensauffassung zu gelangen, die Prevelakis nicht zu Unrecht als einen „heroischen Pessimismus“ bezeichnet. Für den „heroischen Pessimisten“ Kazantzakis, diesen trotzigen Desperado des Geistes, ist nicht zuletzt seine Schrift „Asketik“ („Salvadores Dei“) aufschlussreich.

Die „Asketik“ ist ein formal schwer definierbares, einen messianischen Hauch verbreitendes Werk. Es wurde während eines Berliner Aufenthaltes (1922-1923) des Dichters verfasst und erstmals in der Zeitschrift „Anajennisi“ (Juli/August 1927) des griechischen Marxisten Dimitris Glinos (1882-1943) veröffentlicht. In diesem Werk, das in seiner definitiven Gestalt eine bedeutende, von Kazantzakis während seines Russlandaufenthaltes (1928) vorgenommene

Änderung aufweist, wird beschrieben, wie die Seele – stufenweise das Ich, das Volk, die Menschheit, die Erde und das All überwindend – Gott erreicht, nämlich die Erkenntnis, dass „die Substanz unseres Gottes der Kampf ist". In ihrer definitiven Fassung schliesst die „Asketik" mit einer nihilistischen Aussage: „Selig sind diejenigen, welche Dich erlöst haben, Herr! Sie vereinigen sich mit Dir und sagen: ‚Ich und Du sind eins'. Und dreimal selig sind diejenigen, welche ungebeugt das grosse, wunderbare, entsetzliche Geheimnis auf ihren Schultern tragen: ‚Und dieses Eins gibt es nicht!'"

Diese nihilistische Aussage ist auch für das Lebenswerk Kazantzakis', für die „Odyssia", bezeichnend. Kazantzakis' Odysseus ist ein Desperado. Insofern ist er nicht identisch mit Dantes Odysseus, der nach Tugend und Erkenntnis (virtute e conoscenca) sucht. Er ist auch von anderen Odysseus-Gestalten weit entfernt – etwa von denjenigen von James Joyce oder von Lion Feuchtwanger, um zwei sich voneinander krass unterscheidende Fälle zu nennen. Der Odysseus des Kazantzakis geht ins Nichts über. Doch „sein Geist wird befreit und weht weiter, nachdem er von seiner eigenen Freiheit befreit ist. Ein Paradox, das sich jedoch in den Hauptgedanken des Epos fügt: die Freiheit des Menschen und die Freiheit seines Geistes, der erst dann wirklich frei werden kann, wenn er nicht mehr an den Menschen gebunden ist" (Heinz Hofmann).

Die „Odyssia" des Kazantzakis ist seine eigene geistige Odyssee. Odyssee im Sinne des geistigen Abenteuers. In den einleitenden Worten zur „Rechenschaft vor El Greco" beschreibt Kazantzakis sein eigenes Ringen deutlich: „Das Ringen, Stufe um Stufe emporzusteigen und so hoch zu gelangen, wie Kraft und Trotz es führen konnten – zum Gipfel, den ich eigenmächtig den ‚kretischen Blick' genannt habe." Das geistige Abenteuer war freilich manchmal auch eine Irrfahrt. Nicht wenige Ausführungen des kretischen Intellektuellen muten merkwürdig, ja inakzeptabel an, so zum Beispiel wenn er in seinem Italien-Reisebuch Mussolini als männlichen Venizelos bezeichnet.

In der Philosophie von Kazantzakis offenbart sich ein grosser Dualismus, der Gegensatz zwischen Materie und Geist, Körper und Seele, Tod und Unsterblichkeit. Ferner zeigt seine Welt- und Lebensauffassung, dass er von gewissen Kreisen Griechenlands seinerzeit zu Unrecht als Kommunist betrachtet wurde. Zwar schreibt er in seiner „Asketik“: „Einmal schufen die Könige, die Priester, die Adligen, die Bourgeois Kulturen und befreiten die Gottheit. Heute ist der Arbeiter Gott, verbittert durch Mühe, Zorn und Hunger.“ Doch an einer anderen Stelle heisst es: „Wir kämpfen nicht für unser Ich, auch nicht für unser Volk, nicht einmal für die Menschheit. Wir kämpfen weder für die Erde noch für die Ideen. All das sind vergängliche und wertvolle Stufen, die Gott bei seinem Aufstieg benutzt. Kaum hat Er sie betreten, sind sie schon eingestürzt.“

In den Augen Kazantzakis' war die Lösung der sozialen Frage nicht das letzte und entscheidende Thema, sondern nur eine – allerdings wichtige – Etappe auf dem Weg zur grossen Erlösung. Seine Philosophie wurzelt nicht im dialektischen Materialismus, sondern in einer pessimistischen, wenn auch heroischen, Schau, die aus der „metaphysischen Agonie“ des Dichters zu erklären ist. Schon in der Zeit seines Russlandaufenthalts war Kazantzakis ein Verfechter des, wie er selber sagte, „metakommunistischen Glaubens“. Mit dem Marxismus hat er unter dem Eindruck der Oktoberrevolution, der Kleinasiatischen Katastrophe und der revolutionären Regungen im Deutschland der Weimarer Zeit nur geflirtet. Er ist mit ihm nie eine Ehe eingegangen.

Lektion auf der Lasithi-Hochebene

Angesichts des messianisch-mystischen Tenors der „Asketik“ ist man versucht, in Kazantzakis einen Antirationalisten zu erblicken, ja einen Schriftsteller, dessen Einstellung antiintellektuell war. So sieht ihn zum Beispiel der Literaturhistoriker Mario Vitti. Doch der Schein trügt. Im Gegensatz zum Lyriker Angelos Sikelianos (1884-1951), mit dem Kazantzakis während einer Periode seines Lebens freundschaftlich verbunden war und der seine mystische Schau nebulös zum Ausdruck brachte, konnte der Verfasser der „Asketik“ seinen Messianismus und Mystizismus durchaus in anspruchsvollen Gedankengängen darlegen. So paradox das auch klingen mag, waren diese Gedankengänge im Grunde genommen sogar weitgehend rational. Der Intellekt spielte bei Kazantzakis trotz aller Beeinflussung durch den Vitalismus Bergsons eine wichtige Rolle. Nicht zuletzt deshalb war er auch ein guter Lehrmeister, wie ihn Elli Alexiou, die Schwester von Galatia Kazantzaki, schildert.

Elli Alexi[o]u wurde in Iraklio[n] geboren. Über ihr Geburtsjahr begegnet man im Schrifttum den verschiedensten Angaben. Diese bewegen sich im Zeitraum von 1884-1900! Aris Diktäos (Diktaios) (1917/19-1983), ein namhafter kretischer Lyriker und Kritiker, erwähnt 1895 als Geburtsjahr. Diktäos war das literarische Pseudonym des Konstantinos Konstantourakis – ein Pseudonym, das auf den Berg Dikte anspielt. Konstantourakis war mit den Familien Alexiou und Kazantzakis befreundet. Auf Grund seiner Angaben und anderer Quellen muss man annehmen, dass Elli Alexiou in der Tat um 1894 geboren wurde. Sie war jünger als ihre Schwester Galatia. Nach ihren eigenen Angaben betrug der Altersunterschied vierzehn Jahre. Laut Diktäos allerdings wurde Galatia 1886 geboren, sie war also weniger als vierzehn Jahre älter. In einem Brief an Galatia schrieb Nikos Kazantzakis einmal aus Berlin, dass er dem bekannten Neogräzisten Karl Dieterich (1869-1935) mitgeteilt habe, Galatia sei 1888 geboren. „Falls er dich also fragen sollte, sage ihm bitte nicht 1890 und noch weiter"!

Damit ich voreiligen antikretischen Voruteilen vorbeuge, wie jenem berühmt-berüchtigten Spruch „Die Kreter sind immer Lügner", beeile ich mich zu betonen, dass die Eruierung des wahren Geburtsjahres keineswegs nur bezüglich kretischer Lebensläufe auf Schwierigkeiten stösst. Beim Verfassen meiner geschichtlichen Werke muss ich nicht selten mit derartigen Unklarheiten ringen, ob es nun um Kreter oder Nichtkreter, um Griechen oder Nichtgriechen geht. Doch zurück zu Elli Alexiou. Als sie 1988 starb, hinterliess sie eine Reihe von Werken, die ihr den Ruf einer begabten, sozialkritischen Erzählerin sicherten. So schilderte sie z.B. im Band „Harte Kämpfe um ein kleines (P.T.: bescheidenes, armseliges) Leben" (1931) das schwere Los der Schwachen und Bedrängten.

Galatia und Elli waren Töchter des Stylianos M. Alexi[o]u (1852/53-1921), eines – nicht mit dem 1921 geborenen Archäologen und Philologen Stylianos Alexiou zu verwechselnden – bekannten Zeitungsverlegers und Politikers von Iraklio[n]. Stylianos M. Alexiou war gleichsam ein autodidaktischer Philologe und trug zur „Erotokritos"-Edition des Xanthoudidis bei. Er hatte auch zwei Söhne: Radamanthys und Lefteris. Letzerer machte sich als Lyriker einen Namen. Die Familie Alexiou spielte im kretischen Geistesleben eine wichtige Rolle. Elli Alexiou heiratete 1920 in Paris den Schriftsteller Vasilis Daskalakis (1900-1943). Sie lebten bis 1938 zusammen. Elli Alexiou verdanken wir eine 1966 in Athen erschienene Kazantzakis-Biographie („Damit er gross werde"), die für den Werdegang des Dichters und Denkers aufschlussreich ist. Unter anderem schildert die Autorin einen Ausflug auf die Lasithi-Hochebene. Dieser Ausflug fand im Jahre 1911 statt.

Kazantzakis lebte damals mit Galatia in Athen zusammen. Aber sie besuchten im Juni jenes Jahres ihre Heimatinsel, wo sie mehrere Wochen verbrachten und sich mit Verwandten und Freunden trafen. Im Oktober 1911 heirateten sie denn auch in einer Friedhofskirche in Iraklio[n]! Jene Trauung war als „Legalisierung" ihres „illegalen" Zusammenlebens gedacht, das in den damals sehr konservativen Kreisen Kretas Anstoss erregt hatte. Die Hochzeit fand in der Friedhofskirche gleichsam unter Ausschluss der Öffentlichkeit statt. Es lohnt sich, die Reminiszenzen von Elli Alexiou an den Lasithi-Ausflug wiederzugeben, weil die betreffende Stelle zum einen die Verbundenheit Kazantzakis' mit Kreta, zum anderen seine Hingabe zur Philosophie illustriert. Elli Alexiou unterstreicht im Buch „Damit er gross werde", dass Kazantzakis ein leidenschaftlicher Wanderer war. Er fühlte sich auf Kreta zu Hause. Er liebte seine engere Heimat innigst. In einem Brief an einen Freund schrieb er wörtlich: „Ich glaube, dass ich nichts auf der Welt so sehr liebe wie Kreta."

Hier die Stelle über den Lasithi-Ausflug: „Wir gingen zu Fuss nach Lasithi. Auf den Jahrmarkt des heiligen Johannes. Das Kirchlein liegt genau in der Mitte des Hochplateaus. Zwei, drei Nächte verbrachten wir im Kloster von Kroustallenia. Tagsüber waren wir auf dem Felde und im Dorf Tzermiado. Es war die Zeit, als er (Kazantzakis), von der Philosophie Bergsons mitgerissen, stets über Bergson sprach. Ich hörte immer aufmerksam zu, was er sagte, aber ich begriff den Sinn seiner Worte über Bergson nicht gut. Was ich in der Schule gelernt hatte, wusste ich, denn ich war sehr fleissig, aber von Philosophie verstand ich nichts. Damals war Philosophie im Unterrichtsprogramm nicht enthalten. Die Wörter Philosophie und philosophisches System hörte ich oft, und ich wäre gerne in ihren Sinn eingedrungen... Galatia fühlte sich von gar keiner Theorie angezogen: ‚Mir sagen die Theorien nichts, nur die lebendige Kunst ist für mich von Bedeutung.' Nikos lachte nachsichtig...

Von ihm erhielt ich die erste Philosophie-Lektion. Thema: Bergson. Bühnenbild: das Hochplateau von Lasithi. Es ist eine Hochebene, ausgebreitet, von Bergen umgeben, an deren Fuss kleine Dörfer ihr Nest gebaut haben. Das Hochplateau, diese kreisförmige, flache Ebene, ist eine traumhafte Landschaft, von Windmühlen übersät, die sich ständig im

Winde drehen. Man könnte meinen, diese Windmühlen seien Feldblumen. Wir beide durchquerten die Hochebene von einem Ende zum anderen, sprangen unter den verrückten Windmühlen hindurch wie Strausse über die Gräben und sprachen über Philosophie im allgemeinen und die Philosophie Bergsons im besonderen. Besser gesagt: er sprach, ich hörte zu.

Dieser Allwissende lehrte mich auch anderes, auf die verständliche Weise eines Menschen, der sein Thema von Grund auf beherrscht. Und alles prägte sich mir unauslöschbar ein. Seit jenem längst verflossenen Tag – es sind vierundfünfzig Jahre her – sah ich mich nie mehr veranlasst, zu Bergson zurückzukehren. Bis man mich vergangenes Jahr bat, einen Vortrag über Kazantzakis zu halten. Ich entschloss mich dann, über seine Weisheit zu sprechen und über die reizvolle Art, wie er einem selbst die schwierigsten Themen erläuterte und analysierte. Ich wollte mein eigenes Erlebnis, seine Lektion über Bergson, als Beispiel schildern... Aber der Zweifel stieg in mir auf: erinnere ich mich wohl nach so vielen Jahren noch richtig an die Termini? Ich entschloss mich, die Sache nachzuprüfen... Er hatte mir die Begriffe in französischer Sprache beigebracht, und so hatte ich sie auch im Kopf: ‚élan vital', ‚évolution créatrice', ‚dualisme'... Angesichts des Ergebnisses dieser Nachprüfung bewunderte ich den Zauber seines Unterrichts."

Die Lasithi-Ebene liegt im Osten Kretas auf rund 850 m Höhe. Es ist ein in die Berge eingebettetes, fruchtbares Hochplateau mit Schwemmland. Im Griechischen schreibt man den Namen der Gegend mit einem s. Im Deutschen wird das Wort oft aus Aussprachegründen Lassithi geschrieben. Früher schrieben viele Griechen Lasithi mit einem Eta in der zweiten Silbe. Heute gilt als richtig die Schreibweise mit einem Jota. Über die Etymologie gibt es keinen Konsens. Laut Stefanos Xanthoudidis hat der Name mit dem Adjektiv lasios (dicht, behaart, bepflanzt, mutig, kräftig, rauh) zu tun. Bei seiner Deutung dachte Xanthoudidis an die Tatsache, dass die Gegend von Lasithi dicht bewaldet ist. Hinsichtlich der geographischen Terminologie muss man wissen, dass das Wort Lasithi (in der Reinsprache: Lasithion) für die Bezeichnung des Regierungsbezirks (Nomos), der Provinz (Eparchia) und der Hochebene (Oropedio[n]) verwendet wird. Hier interessiert das Oropedio.

Die Lasithi-Hochebene gilt als eine der landschaftlich schönsten Regionen Kretas. Georgios I. Panagiotakis (Panajotakis) beruft sich in seinem Lasithi-Buch mit Stolz auf dithyrambische Äusserungen von Besuchern des Oropedio. Und der Schriftsteller Manolis Jalourakis (Gialourakis) schreibt in seinem 1960 erschienenen Kreta-Buch, Lasithi sei eine landschaftlichte Vision, die er während langer Zeit in sich getragen habe. Man muss allerdings eingestehen, dass Lasithi im Laufe der Zeit etwas von seiner Ursprünglichkeit verloren hat. Im Zuge der Technisierung wurden die Windräder der Mühlen durch Motoren ersetzt, und, wo es noch Windmühlen gibt, sind diese oft nur noch Dekoration.

Auch historisch ist die Hochebene von grossem Interesse. Die ruhmreiche Vergangenheit ist freilich in ihren Anfängen mit dem Mythos verwoben. „So galt die Diktäische Grotte (Psychro-Höhle) als Geburtsort des Zeus, auf Linear B-Täfelchen in Knossos ‚dikataja diwe' genannt..." (Brinna Otto). Nach einer anderen Version gab Hera allerdings Zeus den Kureten, die in der Nachbarschaft des Ida-Berges lebten, in Pflege. „Bekanntlich wurde auf Kreta von mehreren Höhlen gesagt, sie hätten in der Geburts- und Kindheitsgeschichte des Zeus eine Rolle gespielt; ausser von der Höhle im Berg Aigaion, dem ‚Ziegenberg', noch von der Diktäischen und Idäischen" (Karl Kerényi). Für die Lasithioten steht freilich fest: Zeus kam in der Diktäischen Grotte zur Welt. Psychro[n] ist eines der Dörfer der Lasithi-Hochebene. Es liegt gegenüber dem von Elli Alexiou erwähnten Tzermiado, dem Hauptort von Lasithi. Früher war Psychro eine Ortschaft mit betont bäuerlichem Charakter. Heute ist es ein touristischer Schwerpunkt. Die zahlreichen ausländischen Besucher wollen sehen, wo Zeus das Licht der Welt erblickt haben soll.

Das Oropedio von Lasithi war aus geographischen Gründen gleichsam eine natürliche Hochburg. In der Antike soll nach der Eroberung der Insel durch die Dorier (Dorer) ein Teil der minoischen Bevölkerung hier Zuflucht gesucht haben. Diese Enklave der Unabhängigkeit erschien den Venezianern sehr gefährlich. Der in Tzermiado im Jahr 1900 geborene Historiker Stergios G. Spanakis veröffentlichte 1957 eine Studie, in der er hervorhob, dass die Venezianer die Hochebene als „spina nel cuore di Venezia" („Stachel im Herzen Venedigs") bezeichneten. Die venezianischen Herrscher ergriffen deshalb verschiedene Massnahmen zur Umsiedlung der Bevölkerung und zum Verbot der Agrikultur. Das Hochplateau von Lasithi war, wie ich im Buch „Land der Griechen" schreibe, eine Art ostkretisches Sfakia. Die Sfakioten (die Bewohner von Sfakia in Westkreta) sind der Inbegriff eines zähen und unerschrockenen Berglervolkes. Auf Kreta erzählt man mit Stolz, dass sie heute noch bei Zeus schwören. Die Lasithioten schwören zwar nicht bei Zeus. Sie nehmen indes seine Geburtsstätte für sich in Anspruch. Sfakioten und Lasithioten waren Protagonisten bei den kretischen Aufständen gegen die Türken. In Lasithi tat sich dabei zum Beispiel Emmanouil (Manolis) Kazanis (Übername: Rovythis) hervor.

Der Name des Lasithi-Hauptortes Tzermiado geht auf das Geschlecht der Tzermias zurück. Die Mehrzahl des Familiennamens Tzermias ist im Griechischen Tzermiades, der Genitiv Plural davon Tzermiadon (mit Omega geschrieben). Die Bezeichnung der Ortschaft weist also darauf hin, dass es sich dabei um den Wohnort der Tzermiades handelt. In seinen Memoiren berichtet Nikolaos Tzermias (1887-1975), dass laut dem Linguisten Georgios Chatzidakis sowie dem Philologen und Politiker Antonios Voreadis (1859-1913) der Name Tzermias auf Jeremias zurückgehe. Im Schrifttum begegnet man der These, dass die Tzermiades byzantinischer Herkunft seien. Mein Vater (Nikolaos Tzermias) verliess Tzermiado[n] schon früh. Er folgte dem Appell Venizelos' und ging 1916 nach Thessaloniki, wo er an der venizelistischen „Bewegung der nationalen Verteidigung" („Ethniki Amyna") teilnahm. Diese Bewegung führte das von den Venizelisten kontrollierte Gebiet an der Seite der Alliierten in den Krieg „und leitete tiefgreifende Reformen ein" (Gunnar Hering). Nikolaos Tzermias war von Eleftherios Venizelos zutiefst beeindruckt. In seinen Memoiren berichtet er über seine erste Begegnung mit ihm auf Kreta mit grosser Begeisterung. Doch in der sozialen Frage ging Nikolaos Tzermias als Politiker (Abgeordneter und Regierungsmitglied) im Laufe der Zeit, wie der Historiker Gunnar Hering zutreffend betont, zu Venizelos auf Distanz. Er war gesellschaftspolitisch engagierter als der kretische Staatsmann.

Weil sich meine Eltern zuerst in Thessaloniki und dann in Athen niederliessen, verbrachte ich nie längere Zeit auf der Lasithi-Hochebene. Ich habe aber als Kind manche Sommerferien dort erlebt. Und ich denke mit einer gewissen Wehmut daran zurück. Es war die Zeit, in der das Oropedio noch nicht mit Auto zu erreichen war. Wir ritten jeweils mit Mauleseln hinauf, die uns mein Grossvater mütterlicherseits (Pavlos Platakis) zum Dorf Gonies schickte. Die Bevölkerung des Hochplateaus setzte sich vorwiegend aus Bauern und Viehzüchtern zusammen. Die (wenigen) Touristen hiessen damals Periigites, und dem Wort haftete etwas Exotisches an. Man sprach es aus und dachte etwa an einen Engländer der Kolonialzeit mit Tropenhelm und Feldstecher. Die Lasithioten droschen wie zu Zeiten Homers. Und wir (die Kinder aus der Stadt) halfen auf dem Dreschplatz furchtbar gerne mit. Die Arbeit auf dem Aloni (Dreschplatz) genossen wir sehr. Wir liessen uns mit Vergnügen von der geduldigen Kuh auf dem Dreschschlitten (Volosyros) im Kreis herumziehen. Für uns war das Dreschen ein Spiel. Als ich 1963 mit Schweizer Schülern und Schülerinnen das Oropedio besuchte, schrieb eine Reiseteilnehmerin in einem Artikel: „Allen Teilnehmern wurde die Reise zu einem grossen Erlebnis, geblieben ist eine stille Sehnsucht..."

„Der Weg empor“

Die „Odyssia“ war, wie gesagt, Kazantzakis’ Lebenswerk. Doch der kretische Dichter und Denker wurde eigentlich nicht so sehr durch dieses „Epos“ weltberühmt, sondern in erster Linie durch seine Romane, insbesondere durch den „Sorbas“. Sein Odysseus-Desperado, der auch der Kazantzakis-Desperado ist, fand nicht ein derart breites Echo wie Alexis Sorbas – vor allem natürlich nicht wie der folkloristisch gefärbte Alexis Sorbas des betreffenden Films. Heute noch stellt die „Odyssia“ des Kazantzakis für viele Griechen und Ausländer eine Terra incognita dar. Dies hängt sicherlich weitgehend mit dem Umfang, der Form und der Sprache des Werkes zusammen. Es kommen die Hindernisse hinzu, auf welche die Übersetzungsarbeit stösst. Als ich vor vielen Jahren die Tragödie „Konstantinos Paläologos“ von Kazantzakis ins Deutsche übersetzte, bat mich Eleni Kazantzaki auch die „Odyssia“ ins Deutsche zu übertragen. Ich gestehe, dass ich mich nicht nur wegen anderer Beschäftigungen dazu nicht entschliessen konnte, sondern auch wegen der enormen Schwierigkeiten des Unterfangens. Ich erklärte mich schliesslich lediglich bereit, Gustav A. Conradi bei der Bewältigung der Aufgabe nach Möglichkeit mit Rat zu helfen.

Die Diskrepanz zwischen der Popularität des „Sorbas“ und dem nicht entsprechenden Echo der „Odyssia“ ist indessen auch auf die pessimistische Botschaft des letzteren Werkes zurückzuführen. Das Paradoxon der Befreiung von der eigenen Freiheit ist nicht geeignet, breite Volksschichten anzusprechen. Im bestimmten Sinne ist die Botschaft der „Odyssia“ von Kazantzakis der Kampf ohne Hoffnung. „Besiege die letzte, die grösste Versuchung: die Hoffnung!“, lesen wir in der „Asketik“, auf deren Grundphilosophie die „Odyssia“ beruht. Noch deutlicher sind jene „Asketik“-Worte, die sprichwörtlich geworden sind: „Ich weiss nun; ich hoffe auf nichts, ich fürchte nichts, ich habe mich von Geist und Herz befreit, ich bin emporgestiegen, ich bin frei. Das will ich. Ich will sonst nichts. Ich hatte nach Freiheit gesucht." In der Tragödie „Konstantinos Paläologos" lässt der Dichter den Hauptelden sagen, dass er um das „schreckliche Geheimnis" wisse: „Kämpfen ohne Hoffnung und tief im Inneren fühlen, wie die Kraft dir selbst in der grössten Hoffnungslosigkeit wächst", „die wahre Tapferkeit hofft nie". Eine solche Botschaft eignet sich nicht für sozialpolitische Kämpfe. Sie reisst die Menschen nicht mit. Sie kann sogar, nicht zu Unrecht, als demoralisierend betrachtet werden. Dabei soll allerdings in Betracht gezogen werden, dass der Kazantzakis der „Odyssia" nicht der ganze Kazantzakis ist.

Bereits in seiner im Schrifttum leider zu wenig beachteten Jugendabhandlung „Friedrich Nietzsche in der Rechts- und Staatsphilosophie" schrieb Kazantzakis: „Vergebens versuchen Philosophen und Utopisten, das neue religiöse, wirtschaftliche und staatliche Gefüge der Gesellschaft auf die durch die Wissenschaft immer wieder aufgedeckte Natur zu stützen. Im Gegenteil. Je mehr die Wissenschaft den heiligen Peplos der Isis aufhebt, desto unvereinbarer wird das Ideal der Liebe und der Brüderlichkeit, das bis jetzt der Mensch erträumte und verfolgte, mit dem Ideal, das die Natur zu verfolgen scheint. Die Kluft zwischen Moral und Naturwissenschaft wird immer erschreckender. Die Natur wird blossgestellt als etwas nach menschlichem Empfinden zutiefst Unmoralisches und Monströses, eine harte Stiefmutter für die Zarten und Schwachen, eine blinde und wilde Macht, zerstörend, um zu schaffen, und schaffend, um wieder zu zerstören... Aus dieser dualistischen Quelle der Gesetze gehen die zwei grossen stürmischen, aber auch gegensätzlichen Strömungen des heutigen Geistes hervor."

Die Ansicht Kazantzakis' über die „dualistische Quelle der Gesetze" erklärt viele Gegensätze in seinem Werk – so etwa die Diskrepanz zwischen der feurigen Stellungnahme des Dichters zugunsten der Armen in der „Griechischen Passion" und der die Keime des sogenannten Rechts des Stärkeren enthaltenden dionysischen Atmosphäre des „Alexis Sorbas". Diese Diskrepanz offenbart die Haltung, die Kazantzakis angesichts der „Kluft zwischen Ethik und Naturwissenschaft" einnimmt. An eine Überwindung der Kluft konnte der Dichter mit seinem Verstand nie recht glauben, was seine Skepsis gegenüber den verschiedenartigen Sozialbewegungen erklärt. Die Skepsis kam selbst in jenen kurzen Intervallen zum Ausdruck, in denen Kazantzakis die Lust verspürte, in das politische Geschehen einzugreifen (so war er z.B. 1945 für kurze Zeit Präsident der politisch unbedeutenden „Sozialistischen Arbeiterunion"). Nur sein Herz, das sich von den Impulsen eines nihilistisch gefärbten, doch im Grunde religiösen Messianismus treiben liess, führte Kazantzakis immer wieder, trotz der Bedenken des Verstandes, zu der hohen sozialethischen Auffassung, welche den Werken „Griechische Passion", „Franz von Assisi" und „Brudermörder" zugrunde liegt. In seinem „Sorbas" bekennt er, nachdem er den Helden des Romans sozusagen die „Philosophie des Übermenschen" hat vortragen lassen, folgendes: „Ich antwortete nicht; ich fühlte, dass mein Verstand mit Sorbas einer Meinung war, aber dass mein Herz nicht mitmachen wollte. Es war im Begriff, einen Anlauf zu nehmen, dem ‚Vieh' zu entrinnen und sich einen Weg ins Freie zu bahnen."

In der „Griechischen Passion" wird der Kampf der besitzlos gewordenen Flüchtlinge um die Neueingliederung zum ewigen Kampf der Gerechten gegen die Ungerechten und des Rechts gegen das Unrecht. Während einige griechische Verfechter des Marxismus die Entstehung und die Lösung des sozialen Problems als „historische Notwendigkeit" ansahen, quoll somit das Credo Kazantzakis' aus einer Sozialethik hervor, welche im Drama des nach Gerechtigkeit dürstenden Menschen wurzelt. Für Kazantzakis war die Verwirklichung der sozialen Gerechtigkeit nicht ein Müssen, sondern ein Sollen. Diese wertende Schau bedingte freilich auch eine entsprechende Konzeption der Gerechtigkeit. Nach der Auffassung des Schöpfers der „Griechischen Passion" beruht die Gerechtigkeit auf der Gleichbehandlung aller Menschen sowohl auf internationaler als auch auf nationaler Ebene.

In bezug auf die internationale Gerechtigkeit fordert Kazantzakis die Gleichberechtigung aller Völker, Nationen und Rassen. Es ist daher nicht verwunderlich, dass Kazantzakis den in der neugriechischen Nationalliteratur oft behandelten Gegensatz zwischen Griechen und Türken nicht in den Mittelpunkt des Romans stellt. Gewiss, auch in der „Griechischen Passion" spielt dieser Gegensatz als historische Gegebenheit, an der der Autor nicht vorbeigehen kann, eine Rolle. Doch der Gegensatz wird im Sinne der Gleichberechtigung aller Völker überwunden. An einer Stelle liest der Hirt Manolios mit seinen drei „Aposteln" das Evangelium. Sie stossen auf den Satz: „Selig sind die Sanftmütigen, denn sie sollen die Erde erben." „Das ist sonnenklar!", ruft Giannakos, einer der „Apostel". „Die Anständigen, d.h. die, die gut und nett und friedlich sind, werden schliesslich siegen, und die ganze Welt wird ihnen gehören, d.h. nicht im Krieg, sondern mit Liebe werden sie die Welt gewinnen. Nieder mit dem Krieg! Wir alle sind Brüder!" „Aber die Türken?", fragt Kostantis, der damit nicht ganz einverstanden ist. „Die Türken auch!", antwortet Giannakos begeistert.

Es wird hier deutlich, dass Kazantzakis den engherzigen Nationalismus ablehnt und mit seinem „kretischen Blick" das Verhältnis der Griechen zu den Türken in einem völlig neuen Licht sieht. Selbst der religiöse – mit dem nationalen Antagonismus eng verknüpfte – Gegensatz wird in der „Griechischen Passion" überwunden. Der Aga von Likovrisi sagt zu seinem griechischen Freund, dem Kapitän Fourtounas: „Wenn unser Mohammed und euer Christus beisammen sässen, Raki tränken und anstiessen wie du und ich, würden sie richtige, gute Freunde werden und sich nicht gegenseitig die Augen auskratzen... Aber sie haben sich nicht hingesetzt und getrunken, sondern statt dessen die ganze Welt in Blut getaucht..." Die zitierten Worte des Agas von Likovrisi, die ich als Motto zu meiner „Geschichte der Republik Zypern" benutzt habe, illustrieren den internationalen Aspekt der Gerechtigkeitsauffassung von Kazantzakis.

Der Dichter verlangt aber auch die tatsächliche Gleichberechtigung einer gegebenen nationalen Gemeinschaft und postuliert somit die soziale Gerechtigkeit. Diese geht über die blosse Gleichheit vor dem Gesetz hinaus und zieht die sozialen Unterschiede zu Gunsten der Schwachen in Betracht. Kazantzakis lässt in seinem Roman den Priester Fotis sagen: „Eine neue Grundlage, sage ich zu Gott, wir wollen eine neue Grundlage, Herr, ein neues Grundgesetz für unser Dorf. Keine Ungerechtigkeiten mehr, entweder sollen alle hungern und frieren, oder es sollen sich auch alle sattessen und warme Kleider haben." In den Augen Kazantzakis' fordert die Gerechtigkeit bei der Auferlegung von Pflichten wie bei der Gewährung von Rechten die proportionale Berücksichtigung der Fähigkeiten bzw. der Bedürfnisse der Menschen: „Jetzt wollen wir alles ausgleichen... Hier werden wir alle arbeiten und uns alle sattessen. Ein jeder soll tun, was er kann und soviel er kann... Wir sind Brüder, verstehst du, und wir haben nur einen Vater, das ist Gott." Wie gesagt, ist die Verwirklichung der Gerechtigkeit in den Augen des Autors der „Griechischen Passion" nicht die Folge historischer Kausalität, sondern eine ethische Tat. Gewiss, es gibt im Roman Stellen, die beispielsweise von der „bewaffneten Gerechtigkeit" oder der „Fäuste besitzenden Tugend" sprechen und somit die Bedeutung des Machtfaktors unterstreichen. Der Dichter ist indessen kein Sozialrevolutionär, sondern ein Sozialethiker. Nicht auf die Macht, sondern auf die Änderung der Gesinnung setzt er seine Hoffnung. Dass der Dichter in letzter Analyse auf die Gesinnung als das Ausschlaggebende abstellt, zeigt der Ausgang der Handlung. Die „Griechische Passion" endet mit der machtpolitischen Niederlage der Gerechten. Manolios wird ermordet. „Jesus wird wiedergekreuzigt." Ein trostloses Ende scheint das zu sein. Doch die Wiederkreuzigung ist die entscheidende Antwort Kazantzakis' auf die Gerechtigkeitsfrage: Der wahre Christ wird sich immer wieder kreuzigen lassen, der Gerechte wird stets bereit sein, um der Gerechtigkeit willen Opfer zu bringen.

Man hat Kazantzakis mit Jeremias Gotthelf verglichen. Die „Griechische Passion“ bringt ihn aber auch einem anderen Schweizer nahe, dem Religionsphilosophen Leonhard Ragaz. Man vergleiche beispielsweise die Auslegung des Evangeliums, wie sie von Manolios und seinen „Aposteln“ gemacht wird, mit den ähnlichen Ausführungen von Ragaz in seiner „Bergpredigt Jesu“. Wie Ragaz knüpft auch Kazantzakis an das ursprüngliche, kämpferische, mannhafte, opferwillige Christentum an, an die ersten Christen, die „in den Katakomben den Grund zu einer neuen Welt legten“. Heute mag die Vision Kazantzakis' als ein leidenschaftlich gesteigertes Christentum, ein Hyperchristentum (Karl Kerényi) erscheinen. Was der Dichter lehrt, beruht jedoch auf jenem frühchristlichen Gedankengut, das sich in mehreren Quellen feststellen lässt und noch in der zweiten Hälfte des 4. Jahrhunderts die Geisteshaltung des berühmten Johannes Chrysostomos bestimmte. An einer der schönsten Stellen der „Griechischen Passion“ ist zu lesen: „Wie sollen wir Gott lieben? Indem wir die Menschen lieben. Wie sollen wir die Menschen lieben? Indem wir uns Mühe geben, sie auf den rechten Weg zu führen. Und welches ist der rechte Weg? Der Weg empor.“ Vor dem Hintergrund der sich bemerkbar machenden Kommerzialisierung unserer Zeit (auch des sogenannten Geisteslebens) liest man diese Worte mit einer gewissen Wehmut. Nikos Kazantzakis schrieb sub specie aeternitatis. Wieviele Autoren tun dies heute noch? Und vor allem: Wieviele vermögen die Suche nach der Schönheit mit der dringend notwendigen Erfüllung des Humanitätsideals zu verbinden? Wieviele stellen ihre Kunst in den Dienst jenes Gerechtigkeitsideals, das Kazantzakis in seinem Buch „Jesus wird wiedergekreuzigt“ („Griechische Passion“) so plastisch zum Ausdruck brachte?

Nachwort

Dem bekannten Schweizer Schriftsteller Rudolf Jakob Humm (1895-1977) verdanken wir unter anderem den köstlichen Roman „Der Kreter“ (1973). Der Roman spielt nicht auf Kreta, sondern in Zürich. Der Hauptheld des Romans (Markos Kalidrinakis) hat zwar die Heimat seiner Väter nie gesehen, fühlt sich jedoch durch und durch als Kreter. Er hat ein ideales Bild von Kreta, der Geburtsstätte des Zeus, und streitet mit seinem kretischen Freund Nikos Michalakis darüber, ob der Göttervater im Diktaion Antron (Diktäische Grotte) (so Kalidrinakis) oder aber im Idaion Antron (Idäische Grotte) (so Michalakis) geboren worden sei. Kalidrinakis' Vater kam in Psychro[n], Nikos Michalakis in Anog[e]ia an der Flanke des Berges Ida (Psiloritis) auf die Welt.

Humm erklärt den Hintergrund des Streits: „Die Leute der Umgebung beider Höhlen sind nämlich überzeugt, dass in der ihrigen der Gott Zeus geboren wurde, und weil die Sage nichts Eindeutiges darüber hinterlassen hat und auch die Gelehrten nichts Genaueres darüber wissen, liegen sich die Leute um den Berg Ida und jene um den Berg Dikte wegen dieser Höhlen seit dreitausend Jahren in den Haaren, sobald sie sich begegnen und darauf zu sprechen kommen.“ Gerade dies sei Kalidrinakis und Michalakis widerfahren. „Das Merkwürdigste an diesem hitzigen Wortwechsel ist, dass er sich in Zürich abspielte, wo kein Mensch von Zeus etwas weiss. Auch Kreta ist den meisten Zürchern Hekuba.“

Der Sohn des Markos Kalidrinakis (er heisst eigentlich Idomeneus, aber alle nennen ihn Köbi) kann mit dem „Kretertum“ seines Vaters nicht viel anfangen. Er nennt die väterliche Schwärmerei für Kreta „Kretinismus“. Köbi-Idomeneus ist in Zürich verwurzelt. Er flirtet mit der radikalen Jugendbewegung, dann wird er rockerfreudig. Doch eines Tages entschliesst er sich, der Aufforderung Michalakis' zu folgen und nach Kreta zu gehen, um dort gegen die damals in Griechenland regierenden Diktatoren zu kämpfen. „Auf

Kreta findest du ein neues Leben, eines mit Sinn und Zweck. Kein Gejammer einer verzärtelten Jugend, keine Fahrradketten. Tapfere Soldatenarbeit, Partisanenarbeit." „Du bist ein ehrlicher Kämpfer gegen eine unehrliche Regierung. Also überlege dir das, mein Junge." „In Köbi arbeitete es gewaltig. Der ‚Kreterei' sollte er sich ergeben?" Er ergab sich. „Wie kommt man nach Kreta?", fragte er. Der Roman schliesst mit dem Entschluss des Idomeneus (eigentlich nicht des Köbi), in die engere Heimat seines Grossvaters zu gehen. „Ob man ihn je in der Schweiz wieder sehen wird, weiss der Verfasser (P. T.: Humm) nicht."

Ich habe Humms Roman sehr gerne. Nicht nur wegen seiner literarischen Qualität (der erzählerischen Könnerschaft, der Ironie, der Satire, der Lust am Fabulieren, der eigenwilligen Sprache), sondern auch aus subjektiven Gründen. Für die Gestalt des Markos Kalidrinakis wurde Humm von einem Kreter inspiriert, dessen Tabakladen im Zentrum Zürichs mir auffiel, als ich 1949 erstmals in die wirtschaftliche Metropole der Schweiz reiste. Ich wechselte damals mit dem Inhaber des Ladens ein paar Worte. Er kam mir zu „schweizerisch" vor. Den Roman Humms las ich zum ersten Mal während der Zeit der griechischen Militärdiktatur (1967-1974). Als Gegner dieses Regimes empfand ich für die Verurteilung der Militärregierung durch Humm natürlich grosse Sympathie. Vor allem aber: Ich fühle mich mit Zürich sehr verbunden – dieses Zürich, das Humm mit kritischer Liebe schildert. Um es in seiner Sprache zu sagen: Ich bin ein „eingezürcherter" Grieche kretischer Abstammung.

Das „Kretertum" des Markos Kalidrinakis ist allerdings nicht mein Kretertum. Kalidrinakis lebt in einer mythischen Welt, die mit der kretischen und überhaupt mit der griechischen Realität nichts zu tun hat. Er gibt seinem Sohn den Namen Idomeneus (Enkel des Minos) und geht an der realen Geschichte der Heimatinsel seines Vaters völlig vorbei. Dem Zürcher Leben (vor allem dem Geschäftsleben) hat er sich „harmonisch" angepasst. Aber auch ihm ist Kreta (und das ganze Griechenland) „Hekuba", d.h. Terra incognita. Kein

Wunder, dass er die unsinnige Schwärmerei seines Freundes Michalakis für das „heidnische Kreta“ und die Hasstiraden desselben gegen Apostel Paulus, „diesen Levantiner aus Damaskus“, der die Kreter Lügner nannte, mit Genuss hörte.

Kreta lässt sich nicht auf das Heidentum des Altertums reduzieren. Zur kretischen Kulturgeschichte gehören auch die nachantiken Perioden. Zugespitzt formuliert: Minos, El Greco, Kornaros, Kazantzakis bilden ein Ganzes. Falls es mir gelungen ist, auf dieses widerspruchsvolle, polyvalente, mosaikartige, weltoffene und somit ökumenische Ganze ein wenig Licht zu werfen, hat dieses Buch sein Ziel erreicht.

Literaturverzeichnis

Folgende Angaben sind nicht als eine erschöpfende Bibliographie zu verstehen. Das Verzeichnis ist dennoch recht ausführlich. Dies vor allem aus zwei Gründen: Wie im Vorwort erwähnt, habe ich auf Fussnoten oder Anmerkungen verzichtet, um die Lesbarkeit der Ausführungen des Buches zu erleichtern; somit ist das Literaturverzeichnis weitgehend auch Quellennachweis. Ausserdem möchte ich den Interessierten unter den Lesern die Möglichkeit der Vertiefung in die Materie bieten. Dazu dienen insbesondere auch die Verweise auf griechisches Schrifttum – Verweise, bei denen auf die Benutzung der griechischen Sprache bzw. der griechischen Lettern aus technischen Gründen verzichtet worden ist. Zwar ist die Zahl der des Griechischen (bzw. des Neugriechischen) mächtigen Fremdsprachigen sicher nicht überwältigend. Doch auf Grund meiner langjährigen Lehrtätigkeit und sonstigen Aktivität weiss ich, dass es erfreulicherweise auch solche gibt. Hinsichtlich der Transkription der Namen gilt das im Vorwort Ausgeführte. Hier ein zusätzliches Beispiel: Selbstverständlich könnte man statt Paparrigopoulos auch Paparrigopulos schreiben. Das entspräche durchaus der Phonetik. Aber diese hat sich (noch?) nicht ganz durchgesetzt.

Akadimia Athinon, Jahr 2000 (75.), Jahrbuch, Athen 2000 (griechisch) (das Heft enthält eine nützliche Liste der Veröffentlichungen der Akademie).

Alexiou, Elli, Harte Kämpfe um ein kleines Leben, Erzählungen, 1931 (griechisch).

Dieselbe, Damit er gross werde, Eine Biographie Nikos Kazantzakis', Athen 1966 (griechisch).

Alexiou, Stylianos (Hrsg.), Vitsentzos Kornaros, Erotokritos, Kritische Edition, Einführung, Anmerkungen, Glossar, Athen 1994 (griechisch).

Derselbe, Kretisches Philologisches, Studien, Athen 1999 (griechisch).

Apostolakis, Georgios Evang., Griechische Volksweisheit, zwei Bände, Iraklio 2000 (griechisch) (das Buch enthält 1400 ausgewählte kretische und andere Sprichwörter).

Arx von, Therese, Sommerreise nach Kreta (29.7.-11.8.1963), in: Griechisches Leben und Denken, Heft 4 (Juli/August/September 1963), S. 91-92.

Balistier, Thomas, Der Diskos von Phaistos, Zur Geschichte eines Rätsels und den Versuchen seiner Auflösung, Mähringen 1998.

Beaton, Roderick, An Introduction to Modern Greek Literature, Oxford 1994 (auch griechische Ausgabe, Athen 1996).

Derselbe, Der Liebesroman des griechischen Mittelalters, Athen 1996 (griechisch).

Beck, Hans-Georg, Geschichte der byzantinischen Volksliteratur, München 1971.

Derselbe, Das byzantinische Jahrtausend, München 1978.

Beevor, Antony, Crete, The Battle and the Resistance, London 1992 (auch griechische Ausgabe, Iraklio 1999).

Bien, Peter, Nikos Kazantzakis, Novelist, 1989 Gerald Duckworth (auch griechische Ausgabe, Iraklio 2001).

Billerbeck, Margarethe/Schamp, Jacques (Hrsg.), Kainotomia, Die Erneuerung der griechischen Tradition, Le renouvellement de la tradition hellénique, Colloquium Pavlos Tzermias (4.XI.1995), Freiburg/Schweiz 1996.

Braudel, Fernand, La Méditerranée et le monde méditerranéen à l'époque de Philippe II, 3 Bände, 9. Aufl., Paris 1990.

Browning, R., Medieval and Modern Greek, 2. Aufl., Cambridge 1983.

Burckhardt, Jacob, Kultur der Renaissance in Italien, Ein Versuch, Bern 1941.

Busigny, Felix, Das Altertum, 1. Band der Weltgeschichte, Erlenbach-Zürich und Stuttgart 1965.

Canfora, Luciano, Wilamowitz: „Politik" in der Wissenschaft, in: William M. Calder III/Hellmut Flashar/Theodor Lindken (Hrsg.), Wilamowitz nach 50 Jahren, Darmstadt 1985, S. 56-79.

Chadwick, John, The Decipherment of Linear B, 2. Aufl., Cambridge 1967.

Derselbe, The Mycenaean World, 3. Aufl., Cambridge 1977.

Chatzidakis, Georgios N., Linguistische Forschungen, Band 2, Athen 1977 (griechisch). Siehe auch Hatzidakis.

Chatzidakis, Manolis, Dominikos Theotokopoulos, Texte 1950-1990, Athen 1999 (griechisch).

Christopoulos, Georgios/Bastias, Ioannis (Hrsg.), Geschichte der hellenischen Nation, 16 Bände, Athen 1970-2000 (griechisch).

Clauss, Manfred, Einführung in die Alte Geschichte, München 1993.

Clogg, Richard, A Short History of Modern Greece, Cambridge 1979.

Constandoudaki-Kitromilides, Maria, Cretan Painting During the XV and XVI Centuries, The Long Path Towards Domenikos Theotokopoulos and His Early Production, in: José Álvarez Lopera (Hrsg.), El Greco, Identity and Transformation, Crete, Italy, Spain, Mailand 1999, S. 83-93.

Dahlheim, Werner, Die Antike, Griechenland und Rom von den Anfängen bis zur Expansion des Islam, überarbeitete Neuauflage, Lizenzausgabe für die Schweiz, Zürich 1995.

Dapper, Olfert, Eylanden der Archipel, Amsterdam 1688 (griechische Ausgabe des Kreta-Teils in Übertragung von Aristea T. Plevri, Iraklio 1999).

Despotopoulos, Konstantinos I., Griechisches, Geschichts- und Kulturthemen, Athen 1994 (griechisch).

Dieterich, Karl, Geschichte der byzantinischen und neugriechischen Literatur, Leipzig 1902.

Dimaras, Konstantinos Th., Geschichte der neugriechischen Literatur, 9. Aufl., Athen 2000 (griechisch).

Dimitrakopoulos, F. A., Das Neugriechentum in der Literatur, 19.-20. Jahrhundert, 2. Aufl., Athen 1990 (griechisch).

Eickhoff, Ekkehard (unter Mitarbeit von *Rudolf Eickhoff*), Venedig, Wien und die Osmanen, Umbruch in Südosteuropa 1645-1700, München 1970.

Ekdotiki Athinon, Der Schatz der Orthodoxie, 2000 Jahre Geschichte, Denkmäler, Kunst, 2 Bände, Athen 2000 (griechisch).

Evangelatos, Spyros A., Über die Datierung des Erotokritos, in der „Erotokritos"-Beilage der Zeitung „Kathimerini" vom 11. Juni 2000 (griechisch), S. 29.

Fallmerayer, Jakob Philipp, Geschichte der Halbinsel Morea während des Mittelalters, 1. Teil, Stuttgart/Tübingen 1830, 2. Teil, Stuttgart/Tübingen 1836.

Friedell, Egon, Kulturgeschichte Griechenlands, 7. Aufl., München 1994.

Galanaki, Rea, Das Jahrhundert der Labyrinthe, Roman, Athen 2002 (griechisch).

Griechisches Literatur- und Geschichtsarchiv, Geschichte der griechischen Sprache, Wissenschaftliche Verantwortung von *M.Z. Kopidakis,* Athen 2000 (griechisch).

Grothusen, Klaus-Detlev (Hrsg.), Südosteuropa-Handbuch, Band III, Griechenland, Göttingen 1980 (S. 702-737 Bibliographie).

Günther, Hans Friedrich Karl, Lebensgeschichte des Hellenischen Volkes, Pähl 1956.

Hatzidakis, Georgios N., Einleitung in die neugriechische Grammatik, Leipzig 1892.

Heller, Hermann, Gesammelte Schriften, 3 Bände, Leiden 1971.

Hering, Gunnar, Ökumenisches Patriarchat und europäische Politik 1620-1638, Wiesbaden 1968 (auch griechische Ausgabe, Athen 1992).

Derselbe, Politisches System, Historischer Teil, in: Klaus-Detlev Grothusen (Hrsg.), Südosteuropa-Handbuch, Band III, Griechenland, Göttingen 1980, S. 54-79.

Derselbe, Die politischen Parteien in Griechenland 1821-1936, 2 Teile, München 1992.

Derselbe (Hrsg.), Dimensionen griechischer Literatur und Geschichte, Festschrift für Pavlos Tzermias zum 65. Geburtstag, Frankfurt a.M./Berlin/Bern/New York/Paris/Wien 1993.

Hesseling, D.C., Histoire de la littérature grecque moderne, Paris 1924.

Hoegler, Rudolf G./Reverdin, Olivier, Kreta – Mutterland der Kultur Europas, Luzern 1960.

Hofmann, Heinz, Odysseus: Von Homer bis zu James Joyce, in: Heinz Hofmann (Hrsg.), Antike Mythen in der europäischen Tradition, Tübingen 1999, S. 27-67.

Holden, David, Greece without Columns, The Making of the Modern Greeks, London 1972.

Holton, David (Hrsg.), Literature and Society in Renaissance Crete, Cambridge 1991 (auch griechische Ausgabe, Iraklio 1996).

Derselbe, Studien über den Erotokritos und andere neugriechische Texte, Athen 2000 (griechisch).

Horwitz, Sylvia L., Knossos, Sir Arthur Evans auf den Spuren des Königs Minos, Aus dem Englischen übertragen von Dr. Joachim Rehork, Bergisch Gladbach 1983 (englische Originalausgabe: The Find of a Lifetime, London 1981).

Humm, Rudolf J., Der Kreter, Roman, Zürich/Stuttgart 1973.

Hunt, Yvonne, Traditional Dance in Greek Culture, Athen 1996.

Irmscher, Johannes, Kulturgeschichte des griechischen Volkes, Von der lateinischen Eroberung Konstantinopels (1204) bis zur Errichtung des griechischen Nationalstaates (1830), Amsterdam 1996.

Jalourakis (Gialourakis), Manolis, Kreta, Athen 1960 (griechisch).

Kadelbach, Ulrich, Schatten ohne Mann, Die deutsche Besetzung Kretas 1941-1945, Mähringen 2002.

Kanellopoulos, Panajotis (Panagiotis), Geschichte des europäischen Geistes, Neufassung, Athen 1966 ff. (griechisch).

Kästner, Erhart, Ölberge, Weinberge, Ein Griechenland-Buch, 7. Aufl., Frankfurt a.M. 1981.

Kazantzaki, Eleni, Le dissident, Biographie de Nikos Kazantzaki, Paris 1968 (auch deutsche Ausgabe, München/Berlin 1972).

Kazantzaki, Galat[e]ia, Menschen und Übermenschen, Athen 1957 (griechisch).

Kazantzakis, Nikos, Alexis Sorbas, Abenteuer auf Kreta, übers. von Alexander Steinmetz, Braunschweig 1952 (griechische Originalausgabe, 6. Aufl., Athen 1964).

Derselbe, Griechische Passion, übers. von Werner Kerbs, Berlin-Grunewald 1957 (griechischer Originaltitel: „Christus wird wiedergekreuzigt").

Derselbe, Briefe an Galat[e]ia, Athen 1958 (griechisch) (mit erläuternden Kommentaren von Aris Diktäos).

Derselbe, Friedrich Nietzsche in der Rechts- und Staatsphilosophie, abgedruckt in der Zeitschrift Känuria Epochi, Athen Sommer 1959 (griechisch), S. 34-89. Siehe nun auch die von Patroklos Stavrou besorgte Ausgabe, 2. Aufl., Athen 1998 (griechisch).

Derselbe, Tertsines (Terzinen), Athen 1960 (griechisch).

Derselbe, Reisend, Italien – Ägypten – Sinai – Jerusalem – Zypern – Morias (Peloponnes), Athen 1961 (griechisch).

Derselbe, Reisend, Spanien, 3. Aufl., Athen 1962 (griechisch).

Derselbe, Reisend, England, 5. Aufl., Athen 1962 (griechisch).

Derselbe, Asketik, Salvatores Dei, 2. Aufl., Athen 1962 (griechisch) (auch deutsche Ausgabe, übers. von Argyris Sfountouris, Zürich 1973).

Derselbe, Konstantinos Paläologos, Aus dem Griechischen übertragen von Pavlos Tzermias, Zürich 1964.

Derselbe, Rechenschaft vor El Greco, Aus dem Neugriechischen übertragen von Isidora Rosenthal-Kamarinea, 1. Band: Kindheit und Jugend, 2. Aufl., Berlin 1964, 2. Band, Berlin/München/Wien 1967 (griechische Originalausgabe, Athen 1961).

Derselbe, Odyssee, Ein modernes Epos, übers. von G.A. Conradi, München 1973.

Kehrer, Hugo, Greco als Gestalt des Manierismus, München 1939.

Kentro Kritikis Logotechnias (Zentrum kretischer Literatur), Kreta und Europa, Varvar[o]i Kreta 2001 (griechisch) (Akten eines internationalen Literaturkongresses).

Kerényi, Karl, Die Mythologie der Griechen, Die Götter- und Menschheitsgeschichten, Zürich 1951.

Derselbe, Kazantzakis-Artikel in der Neuen Zürcher Zeitung vom 24.11.1957 (Sonntagsausgabe).

Knös, Börje, L'histoire de la littérature néo-grecque, La période jusqu'à 1821, Uppsala 1962.

Kohler, Denis, La littérature grecque moderne, Paris 1985.

Kordatos, Janis, Geschichte des neueren Griechenland, 4 Bände, Athen 1957-1958 (griechisch).

Derselbe, Geschichte der neugriechischen Literatur, 2 Bände, Athen 1962 (griechisch).

Koukoules, Phaidon, Leben und Zivilisation der Byzantiner, 6 Bände, Athen 1948-1957 (griechisch).

Krumbacher, Karl, Geschichte der byzantinischen Literatur von Justinian bis zum Ende des Oströmischen Reiches (527-1453), 2. Aufl., München 1897.

Lavagnini, Bruno, La letteratura neoellenica, 3. Aufl., Florenz/ Mailand 1969.

Lefkowitz, Mary R., Not Out of Africa, How the Afrocentrism Became an Excuse to Teach Myth as History, New York 1996.

Lesky, Albin, Geschichte der griechischen Literatur, 2. Aufl., Bern 1971 (das Werk behandelt die altgriechische Literatur).

Lopera, José Á. (Hrsg.), El Greco, Identity and Transformation, Crete, Italy, Spain, Mailand 1999.

Losemann, Volker, Nationalsozialismus und Antike, Studien zur Entwicklung des Faches Alte Geschischte 1933-1945, Hamburg 1977.

Mackridge, P., The Modern Greek Language, Oxford 1985.

Marinatos, Spyridon/Hirmer, Max (Aufnahmen), Kreta, Thera und das mykenische Hellas, 3. Aufl., München 1976.

Mathiopoulou-Tornaritou, Elsie, Lyrik der Spätrenaissance auf Zypern, Beobachtungen und Notizen zum Codex Marc. Gr. IX, 32, in: Folia Neohellenica, Zeitschrift für Neogräzistik, Band VII, 1985-1986, S. 63-159.

Mavromatis, Jannis K., Das Vorbild des „Erotokritos", Ioannina 1982 (griechisch).

Derselbe, Der Dichter, das Vorbild, die Datierung, in der „Erotokritos"-Beilage der Zeitung „Kathimerini" vom 11. Juni 2000 (griechisch), S. 13-15.

Middleton, Darren J. N., Novel Theology, Nikos Kazantzakis's Encounter with Whiteheadian Process Theism, Macon 2001.

Mirambel, André, La littérature grecque moderne, Paris 1953.

Derselbe, La lange grecque moderne, Description et analyse, Paris 1959.

Moutsopoulos, Evanghélos, Philosophie de la culture grecque, Académie d'Athènes, Centre de recherche sur la philosophie grecque, Athen 1998.

Müller, Dietram, Griechische Bergwelt, Ein Führer für Gebirgstouren in Griechenland, Wiesbaden 2002.

Niemeier, Wolf-Dietrich, Die Utopie eines verlorenen Paradieses, Die Minoische Kultur Kretas als neuzeitliche Mythenschöpfung, in: Reinhard Stupperich (Hrsg.), Lebendige Antike, Rezeptionen der Antike in Politik, Kunst und Wissenschaft der Neuzeit, Mannheim 1995, S. 195-206.

Nikolakakis, Dim., Die „kretische Frage" in der Periode 1897-98, Chania 2002 (griechisch) (ein historisches Photoalbum).

Otto, Brinna, König Minos und sein Volk, Das Leben im alten Kreta, Düsseldorf/Zürich 1997.

Panagiotakis (Panajotakis), Georgios I., Lasithi (In der Zeit und in der Geschichte), Lasithi 1988 (griechisch).

Derselbe, Kreta am Anfang und am Ende des 20. Jahrhunderts, Kreta 1998 (griechisch).

Derselbe, Nikos Kazantzakis, Seine Gestalt und sein Werk, Kreta 2001 (griechisch).

Panagiotakis (Panajotakis), Nikolaos M., Der Dichter des „Erotokritos", Akten des 4. Internationalen Kretologischen Kongresses (Iraklio, 29. August – 3. September 1976), Band 2, Athen 1981 (griechisch), S. 329-395.

Derselbe, Die kretische Periode des Lebens des Dominikos Theotokopoulos, Athen 1986 (griechisch).

Derselbe (Hrsg.), Kreta, Geschichte und Kultur, 2 Bände, Kreta 1987-1988 (griechisch). Siehe insbesondere die Ausführungen Panagiotakis' über das Erziehungswesen während der Venezianerherrschaft (Band 2, S. 163-195).

Paparrigopoulos, Konstantinos, Geschichte der hellenischen Nation von den frühesten bis zu den neueren Zeiten, Athen 1860-1874 (es folgten weitere Auflagen und Ergänzungen) (griechisch).

Platon, Nikolaos, Beiträge in: Georgios Christopoulos/Ioannis Bastias (Hrsg.), Geschichte der hellenischen Nation, Band 1, Athen 1970, insbes. Ausführungen über Präpalatikum (S. 108-121), Protopalatikum (S. 154-159) und Neopalatikum (S.166-211, 218-220) (griechisch).

Politis, Linos, A History of Modern Greek Literature, Oxford 1975.

Derselbe, Geschichte der neugriechischen Literatur, 4.Aufl., Athen 1985 (griechisch) (auch deutsche Ausgabe, übers. von Eleonore Bung und Stathis Maniatis, hrsg. von Niki Eideneier, Köln 1984).

Poulianos, Aris N., Die Herkunft der Griechen, Ethnogenetische Untersuchung, 2., verbesserte Auflage, Athen 1966 (griechisch).

Derselbe, Die Herkunft der Griechen, 4. Aufl., Petralona (Chalkidiki) 1988 (griechisch).

Derselbe, Die Abstammung der Kreter, Anthropologische Untersuchung auf der Insel der Tapferkeit (Leventia), Thessaloniki 1999 (griechisch).

Prevelakis, Pantelis, Die Chronik einer Stadt, 3. Aufl., Athen 1956 (griechisch).

Derselbe, Der Dichter und das Gedicht der „Odyss[e]ia", Athen 1958 (griechisch) (Abhandlung über Kazantzakis und seine „Odyssee").

Psilakis, Maria und Nikos, Kretische traditionelle Küche, 6. Aufl., Iraklio 1996 (griechisch).

Psilakis, Vasilios, Geschichte Kretas, Vom entferntesten Altertum bis zu unseren Jahren, 3 Bände, Chania 1909 (griechisch).

Psycharis, Jannis, Grosse romäische (griechische) wissenschaftliche Grammatik, 3 Bände, Athen/Paris 1929-1937 (griechisch).

Puchner, Walter, Studien zum neugriechischen Volkslied, Wien 1996.

Ragaz, Leonhard, Von Christus zu Marx – von Marx zu Christus, Wernigerode 1929.

Robinson, Andrew, The Man who Deciphered Linear B, London 2002.

Rozemond, Keetje, La naissance de Cyrille Lucar, in: Bibliothek des Griechischen Institutes Byzantinischer und Postbyzantinischer Studien in Venedig, Band 6, Venedig 1974, S. 261-264.

Ruge, Hans, Grammatik des Neugriechischen, Köln 1986.

Runciman, Steven, History of the Crusades (auch deutsche Ausgabe, übers. von Peter de Mendelssohn: Geschichte der Kreuzzüge), 3 Bände, Cambridge 1951-1955.

Derselbe, Die Eroberung von Konstantinopel 1453 (Titel der Originalausgabe: The Fall of Constantinople 1453), deutsch von Peter de Mendelssohn, München 1966.

Derselbe, Das Patriarchat von Konstantinopel, Vom Vorabend der türkischen Eroberung bis zum griechischen Unabhängigkeitskrieg (Titel der Originalausgabe: The Great Church in Captivity, A Study of the Patriarchate of Constantinople from the Eve of the Turkish Conquest to the Greek War of Independence), deutsch von Peter de Mendelssohn, München 1970.

Derselbe, Mistra, Byzantine Capital of the Pelponnese, London 1980.

Sakellarakis, Jannis und Efi, Neolithisches und minoisches Kreta, in: Nikolaos M. Panagiotakis (Hrsg.), Kreta, Geschichte und Kultur, 1. Band, Kreta 1987, S. 1-130 (griechisch).

Sakellariou, Michail V., Die sprachlichen und nationalen Gruppen der griechischen Vorgeschichte, in: Georgios Christopoulos/ Ioannis Bastias (Hrsg.), Geschichte der hellenischen Nation, Band 1, Athen 1970, S. 356-379 (griechisch).

Sathas, K.N., Neugriechische Philologie, Anhang, Geschichte der Frage der neugriechischen Sprache, Athen 1870 (griechisch).

Saunier, G., Griechische demotische Lieder, Die Klagelieder, Athen 1999 (griechisch).

Schachermeyr, Fritz, Griechische Geschichte, Mit besonderer Berücksichtigung der geistesgeschichtlichen und kulturmorphologischen Zusammenhänge, 2., erw. Aufl., Stuttgart/Berlin/Köln/Mainz 1969.

Derselbe, Die Tragik der Voll-Endung, Stirb und werde in der Vergangenheit, Europa im Würgegriff der Gegenwart, Wien/Berlin 1981.

Schadewaldt, Wolfgang, Hellas und Hesperien, Gesammelte Schriften zur Antike und zur neueren Literatur, in 2 Bänden herausgegeben von R. Thurow und E. Zinn unter Mitarbeit von K. Bartels, Zürich 1970.

Schneider, Carl, Kulturgeschichte des Hellenismus, 2 Bände, München 1976-1969.

Schulz, Gerhard, Europa und der Globus, Städte, Staaten und Imperien seit dem Altertum, Stuttgart 2001.

Seferis, Giorgos, Versuche, 1. Band, 4. Aufl., Athen 1981 (griechisch), S. 266-319 („Erotokritos"-Essay).

Seidl, Wolf, Bayern in Griechenland, Die Geburt des griechischen Nationalstaates und die Regierung König Ottos, München 1981.

Siapkaras-Pitsillidès, Themis, Le Pétrarquisme en Chypre, Poèmes d'amour en dialecte chypriote d'après un manuscript du XVIe siècle, 2. Aufl., Paris/Athen 1975 (auch griechische Ausgabe, Athen 1976).

Sieber, Franz Wilhelm, Reise nach der Insel Kreta im griechischen Archipelagus im Jahre 1817, Leipzig und Sorau 1823.

Derselbe, Kreta 1817, Ein historischer Reisebericht, herausgegeben von Thomas Balistier, Mähringen 2001.

Spanakis, Stergios G., Beitrag zur Geschichte von Lasithi während der Venezianerherrschaft, Iraklio 1957 (griechisch).

Svoronos, N., Histoire de la Grèce moderne, Paris 1972.

Theatergruppe des Anwaltsvereins von Iraklio, N. Kazantzakis, Der Kapetan Michalis, Gedenkschrift anlässlich des 40. Todestages von Nikos Kazantzakis, Iraklio 1997 (griechisch).

Theocharis, Dimitrios, in: Georgios Christopoulos/Ioannis Bastias (Hrsg.), Geschichte der hellenischen Nation, Band 1, Athen 1970, S. 160-163 (griechisch).

Thumb, Albert, Handbuch der neugriechischen Volkssprache, 2. Aufl., Strassburg 1910.

Triantafyllidis, Manolis, Neugriechische Grammatik, Historische Einleitung, Athen 1938 (griechisch).

Derselbe, Neugriechische Grammatik (der Volkssprache), Athen 1941 (griechisch) (nominell das Werk einer Kommission unter der Leitung Triantafyllidis').

Tsopanakis, Agapitos G., Neugriechische Grammatik, Thessaloniki/Athen 1994 (griechisch).

Tzermias, Pavlos, Die volkstümliche Musik Griechenlands, Zürich/Stuttgart 1962.

Derselbe, Nikos Kazantzakis und die Gerechtigkeit, Zürich/Stuttgart 1963

Derselbe, Der junge El Greco, in: Pavlos Tzermias (Hrsg.), Griechisches Leben und Denken, Heft 4 (Juli/August/September 1963), S. 76-77.

Derselbe, Der griechische Lyriker Giorgos Seferis, Zürich/Stuttgart 1964.
Derselbe, Neugriechische Grammatik, Formenlehre der Volkssprache mit einer Einführung in die Phonetik, die Entstehung und den heutigen Stand des Neugriechischen, Bern/München 1969 (dort auch weitere linguistische Bibliographie).
Derselbe (Hrsg.), L'Idée Delphique et l'Europe, Symposium (25.-27. Mai 1978), Athen 1979.
Derselbe, Mit Eleftherios K. Venizelos von Kreta nach Thessaloniki, Aus den Memoiren von Nikolaos G. Tzermias (1887-1975), in: Eleftheri Theorisi, 4/1981, S. 8-29 (griechisch).
Derselbe, in: Michael Ruetz (Bilder)/Pavlos Tzermias, Land der Griechen, Zürich/München 1981 (französische Übersetzung: Terre des Grecs, Paris 1982) (mit Literatur- und Quellenangaben zur Geschichte und Kultur Griechenlands).
Derselbe, Gedanken zur Edition kretischer und zypriotischer Texte der Zeit der Frankenherrschaft, in: Hans Eideneier (Hrsg.), Neograeca medii aevi, Text und Ausgabe, Akten zum Symposion Köln 1986, Köln 1987, S. 357-362.
Derselbe, Das andere Byzanz, Konstantinopels Beitrag zu Europa, Freiburg Schweiz 1991 (auch griechische Ausgabe: Athen 1995).
Derselbe, Griechenland, terra magica, mit Bildern von Johannes Kautzky, Luzern 1993.
Derselbe, Die Identitätssuche des neuen Griechentums, Eine Studie zur Nationalfrage mit besonderer Berücksichtigung des Makedonienproblems, Freiburg Schweiz 1995.
Derselbe, Am Kreuzweg der Geschichte, Nationalismus oder Humanismus?, Athen 1996 (griechisch).
Derselbe, Das Bild Griechenlands in der fremden Welt, Athen 1997 (griechisch).
Derselbe, Politik im neuen Hellas, Strukturen, Theorien und Parteien im Wandel, Tübingen 1997.
Derselbe, Für eine Hellenistik mit Zukunft, Plädoyer für die Überwindung der Krise des Humanismus, Freiburg Schweiz 1998.
Derselbe, Geschichte der Republik Zypern, Mit Berücksichtigung der historischen Entwicklung der Insel während der Jahrtausende, 3., aktualisierte Auflage, Tübingen 1998.
Derselbe, Neugriechische Geschichte, Eine Einführung, 3., überarbeitete und erweiterte Auflage, Tübingen 1999 (mit griechischsprachiger und ausländischer Bibliographie zur allgemeinen Geschichte des modernen Griechenland).
Derselbe, Diese Sprache gehört uns, Athen 2000 (griechisch).
Derselbe, Griechische und philhellenische Gelehrte in der Schweiz, Athen 2001 (griechisch).

Derselbe, Die neugriechische Literatur, Homers Erbe als Bürde und Chance, Tübingen 2001.

Derselbe, Geschichte der Republik Zypern, Mit Rückblick auf das Leben der Grossinsel im Laufe der Jahrtausende, 2 Bände, Athen 2001 (griechisch).

Derselbe, Karl Marx redivivus?, Der Marxismus vom „real existierenden Sozialismus" zur „Globalisierung", Athen 2002 (griechisch). Siehe insbesondere die Ausführungen auf S. 63 ff (Auseinandersetzung des Nikos Kazantzakis mit einem sowjetischen Soziologen).

Tzompanaki (Tzombanaki), Chrysoula, Meerestrilogie von Chandaka, Der Hafen, Neoria (Arsenali), Die Burg am Meer (Kules), Iraklio 1997 (griechisch).

Vakalopoulos, Apostolos E., Geschichte des neuen Hellenentums, 7 Bände, Thessaloniki 1961-1986 (griechisch).

Derselbe, Der Charakter der Griechen, Auf der Suche nach unserer nationalen Identität, Forschung, Ergebnisse, Lehren, Thessaloniki 1983 (griechisch).

Derselbe, Griechische Geschichte von 1204 bis heute, übers. von Danae Coulmas und Nonna Nielsen-Stokkeby, Köln 1985.

Vasilatos, Nikos, Das kretische Messer, The Cretan Dagger, Athen 1993 (griechisch, Legenden der Bilder auch englisch).

Vitti, Mario, Storia della letteratura neogreca, Turin 1971 (auch deutsche Ausgabe: Einführung in die Geschichte der neugriechischen Literatur, München 1972, mit Bibliographie von Georg Veloudis; griechische Ausgabe, Athen 1978).

Voutieridis, Ilias P., Kurze Geschichte der neugriechischen Literatur, 3. Aufl. (mit Ergänzungen von D. Jakos), Athen 1976 (griechisch).

Wellesz, Egon, Die Hymnen der Ostkirche, Basel 1962.

Derselbe, A History of Byzantine Music and Hymnography, 2. Auflage, Oxford 1961.

Wethey, Harold H., El Greco and His School, 2 Bände, Princeton 1962.

Wirth, Peter, Grundzüge der byzantinischen Geschichte, Darmstadt 1997.

Woodhouse, Christopher Mantague, Modern Greece, A Short History, London 1968.

Wunderlich, Hans Georg, Wohin der Stier Europa trug, Kretas Geheimnis und das Erwachen des Abendlandes, Reinbek bei Hamburg 1972.

Xanthoudidis, Stefanos A. (Hrsg.), Erotokritos, Kritische Edition, Iraklio 1915 (griechisch).

Xenarios, Giorgos, Das Licht meisselnd, Athen 2001 (griechisch) (eine Art romanhaftes Psychogramm von El Greco).

Reihe Sedones

Ein Schwerpunkt des Verlages Dr. Thomas Balistier ist die 1998 eröffnete *Reihe Sedones*. Hier werden spannende und unterhaltsame Themen für den an der Kultur und Geschichte Kretas interessierten Urlauber informativ und kurzweilig behandelt.

Sedones 1
Thomas Balistier:
Der Diskos von Phaistos
Zur Geschichte eines Rätsels
& den Versuchen seiner Auflösung
120 Seiten
Abbildungen und Fotos
ISBN 3-9806168-1-9

Englische Ausgabe: The Phaistos Disk.
An Account of its Unsolved Mystery.
ISBN 3-9806168-0-0

„Ein Muß für jeden ausgrabungsbegeisterten Kreta-Urlauber, ein Buch, das Lust darauf macht, sich den Diskos mit seiner ‚erhabenen Schönheit und faszinierenden Ausstrahlung' im Museum von Heraklion selbst anzuschauen." (SÜDWEST PRESSE)
„Kompetent und fundiert dokumentiert Thomas Balistier in seinem 120 Seiten umfassenden Büchlein die Geschichte des Rätsels und die Versuche seitens der Wissenschaft, dieses zu lösen." (Salzburger Woche)

Sedones 2
Thomas Balistier:
Kretischer Raki – Raki-Kultur
Kreta und sein Nationalgetränk
Eine Einführung
75 Seiten
Abbildungen und Fotos
ISBN 3-9806168-2-7

„In seinem Raki-Buch bleibt Balistier als Volkskundler ganz in seinem Metier, ohne daß dabei einfach eine trockene wissenschaftliche Abhandlung herausgekommen wäre. Nachdem der noch unkundige Urlauber in die

Prozeduren des Rakitrinkens eingeführt wird, werden in vier Kapiteln die rechtlich-wirtschaftliche sowie die soziale Seite, exemplarisch eine professionelle Raki-Brennerei, der dort stattfindende Produktionsprozeß und die Rolle des Raki im Werk des großen kretischen Schriftstellers Nikos Kazantzakis behandelt. Eine Anleitung zum Selbstbrennen ist das Buch selbstverständlich nicht, wohl aber eine gute soziokulturelle Einführung in ein Produkt, dessen Bedeutung für Kreta etwa derjenigen des Bieres für Bayern gleichkommt." (Athener Zeitung)

Sedones 3
Franz Wilhelm Sieber
Kreta 1817
Ein historischer Reisebericht
107 Seiten
Abbildungen
ISBN 3-9806168-3-5

„Mit Siebers Reisebericht ist dem Balistier-Verlag eine besondere Entdeckung gelungen, denn das Buch war nach seiner Publikation schnell in Vergessenheit geraten. Was den Kenner der größten griechischen Insel an den Beschreibungen Siebers vielleicht am meisten beeindruckt, ist die Wiedererkennbarkeit vieler Orte der Insel, aber auch des besonderen Charakters der Kreter, der sich nur wenig geändert haben mag. Die anschauliche, lebendige Sprache und die Vorurteilslosigkeit des Verfassers tun das ihrige, um diesen Bericht zu einem besonderen Lesevergnügen zu machen. Hinzu kommen die begeisterten Landschaftsbeschreibungen, wobei man einiges über die Folgen der Luftverschmutzung unserer Tage lernen kann, wenn Siebers beschreibt, wie er vom Gipfel des Psiloritis (Ida) aus bis nach Rhodos und Kleinasien schauen konnte (was heute kaum denkbar ist). Nachdenklich stimmen dagegen die Schilderungen des täglichen Lebens vor allem in den kretischen Städten und der apartheidähnlichen Repressalien und Willkürlichkeiten, denen sich die Christen im Alltag gegenüber den türkischen Herren auch in Friedenszeiten ausgesetzt sahen. Einige Stiche aus der Originalausgabe, sachkundige Anmerkungen und ein vergleichendes Ortsverzeichnis ergänzen den Band. Daß der Verlag die altertümliche Rechtschreibung Siebers aktualisiert und das immerhin zweibändige Werk nur auszugsweise publiziert hat, mag man bedauern. Es macht auf jeden Fall Appetit auf mehr." (Athener Zeitung)

Sedones 4
Ulrich Kadelbach:
Weihrauch und Ziegenkäse.
*Syn*kre*tis*tische Geschichten
96 Seiten
ISBN 3-9806168-4-3

„Ulrich Kadelbachs 44 Synkretistische Geschichten sind allesamt dicht spannend, humorvoll und mit Herzblut geschrieben.“
(Deutsches Pfarrer Blatt)

Sedones 5
Ulrich Kadelbach:
Schatten ohne Mann.
Die deutsche Besetzung
Kretas 1941-1945
124 Seiten, ISBN 3-9806168-5-1

„Die ebenso bedrückende wie interessante Materialsammlung Kadelbachs, die vor Ort und in den bundesdeutschen Archiven zur juristischen Aufarbeitung dieser überwiegend ungesühnten Verbrechen zustandekam, ergänzen eigene Geschichten und Skizzen aus der Gegenwart, fiktive Briefe aus jener Zeit sowie Gedichte des Autors. Eine bedenkenswerte Lektüre, für ‚nordische‘ Fit-for-fun-Kreta-Touristen vielleicht sogar eine Pflichtlektüre.“ (Athener Zeitung)
„Ulrich Kadelbachs Buch ist nicht nur eine packende Dokumentation der damaligen Ereignisse, sondern spiegelt auch die Auseinandersetzung eines Nachgeborenen mit den Kriegsereignissen auf Kreta wider ...“ (Für Arbeit und Besinnung – Zeitschrift für die Evang. Landeskirche Württemberg)
„Kadelbach hat ein Buch gegen die Schlußstrichmentalität geschrieben.“ (Heidenheimer Zeitung)

Bestellung im Buchhandel oder direkt beim Verlag.

Verlag Dr. Thomas Balistier

Egartstr. 19, D-72127 Mähringen
Tel.: 07071/368018 • Fax: 07071/368018
www.kreta-buch.de